Norbert Otto Eke (Hg.)

Die erfundene Wahrnehmung

Annäherung an Herta Müller

Norbert Otto Eke (Hg.)

Die erfundene Wahrnehmung

Annäherung an Herta Müller

LITERATURWISSENSCHAFT

Norbert Otto Eke (Hg.)
Die erfundene Wahrnehmung. Annäherung an Herta Müller
1. Auflage 1991 | 2. Auflage 2009 ISBN: 978-3-927104-15-0
Satz: Malena Brandl
© IGEL Verlag Literatur & Wissenschaft, Hamburg, www.igelverlag.com
Alle Rechte vorbehalten.
Igel Verlag Literatur & Wissenschaft ist ein Imprint der Diplomica Verlag GmbH
Herrmannstal 119 k, 22119 Hamburg
Printed in Germany

Die Deutsche Bibliothek verzeichnet diesen Titel in der Deutschen Nationalbibliografie.
Bibliografische Daten sind unter http://dnb.d-nb.de verfügbar.

Norbert Otto Eke

Augen/Blicke oder: Die Wahrnehmung der Welt in den Bildern.
Annäherung an Herta Müller

> Porträt H. M.
>
> Unruhige Hände
> Ein Griff
> In die Luft zur Zigarette ins Haar
> Unter der Netzhaut die Bilder
> Der Getöteten von Temeswar und andernorts
> Im Gepäck
> Den TRAUM DES HINGERICHTETEN
> DIKTATORS
> Auf den Spuren der Toten die Suche
> Nach der Zeit ohne Angst
> (Robert Keen, aus dem Zyklus „Um/Brüche 1989/90")

Noch nicht einmal zehn Jahre nach ihrem literarischen Debüt mit dem Prosaband *Niederungen* (Bukarest 1982, Berlin 1984) scheint Herta Müllers Weg in den Rang einer (literarischen und gesellschaftlichen) Institution vorgezeichnet. Die große Resonanz auf ihre Werke und die Auszeichnung der Autorin mit einer Vielzahl wichtiger Literaturpreise sind Indikatoren einer gesteigerten Aufmerksamkeit, auf die nur wenige Schriftsteller im unübersichtlichen Literaturbetrieb der Bundesrepublik mit ihren Veröffentlichungen rechnen können. Herta Müller, geboren und aufgewachsen unter den Bedingungen einer sprachlichen und nationalen Minderheitenexistenz in einem Dorf im Banat (Rumänien), hat in der zweiten Hälfte der achtziger Jahre nicht nur das literarische Leben in der Bundesrepublik entscheidend mitgeprägt, sie hat mit ihren Werken auch den Blick geschärft für die Qualitäten einer vor dem großen Exodus an den Rändern des deutschen Sprachraums entstandenen Literatur in deutscher Sprache, deren Vertreter heute nahezu ausnahmslos im Westen leben.[1] Auch Herta Müller selbst verließ 1987 Rumänien, das auch nach der blutigen Revolution von 1989 an den wirtschaftlichen und moralischen Folgen des Stalinismus in seiner Ceausescuschen Spielart trägt.

Herta Müller zählt zu jener Generation deutschsprachiger rumänischer Intellektueller, deren Schreiberfahrungen ganz wesentlich geprägt wurden durch die mit dem IX. Parteitag der RKP 1965 in Rumänien eingeleitete vorübergehende Liberalisierung und den anschließenden Absturz des Landes in den Terror des (neo-)stalinistischen Polizeistaates. Das liberale kulturpolitische Klima der ausgehenden sechziger Jahre suspendierte – innerhalb gewisser kulturpolitischer Grenzziehungen – zeitweilig die normative Kunstdoktrin einer sozialistisch-realistischen Regelpoetik, die unter den Maßgaben einer ideologischen Indienstnahme der Literatur jede Form kritischer Wirklichkeitsinspektion unterband; zugleich ermöglichte es eine ästhetische offene Literatur, die der rumäniendeutschen Literatur den Anschluß an die Literaturentwicklung Westeuropas erlaubte und begünstigte das Hervortreten einer jungen Generation von Autoren, die den Krieg nicht mehr aus eigenem Erleben kannten und für die der (real existierende) „Sozialismus" das Gewohnte war. Bereitwillig öffneten sich die Zeitungen Ende der sechziger Jahre für die noch wenig profilierten Publikationen junger Nachwuchsautoren oder richteten wie die Temeswarer „Neue Banater Zeitung" eigene Schülerseiten („Wir über uns") und Studentenbeilagen („Universitas") ein. Inhaltlich und formal vorbereitet durch eine zumal in den lakonisch-hintergründigen Gedichten Anemone Latzinas vorsichtig angedeutete Rückgewinnung der kritischen Funktion von Literatur in der zweiten Hälfte der sechziger Jahre[2], wurden die erleichterten Publikationsmöglichkeiten um die Jahrzehntwende zum Auslöser eines einmaligen „po-

---

[1] Zu den wenigen Ausnahmen gehören Helmut Britz, Joachim Wittstock und Franz Hodjak.

[2] Vgl. Peter Motzan: Die rumäniendeutsche Lyrik nach 1944. Problemaufriß und historischer Überblick. Cluj-Napoca 1980. S. 138f; William Totok: Die Zwänge der Erinnerung. Aufzeichnungen aus Rumänien. Hamburg 1988. S. 70.

etischen Massenaufbruchs"[3], dem die rumäniendeutsche Literatur wesentliche Impulse verdankt.

1972 erschien unter dem programmatischen Titel „Wortmeldungen" eine „Anthologie junger Lyrik aus dem Banat"[4] mit einem ersten Querschnitt aus der Arbeit der jüngsten Autorengeneration, an deren besten Beiträgen Fanz Hodjak in einer Rezension anerkennend „die Besinnung auf die Wirklichkeit des Alltags" hervorhob: „nicht abstrakte Systeme und Spekulationen, auch nicht die Gesellschaft als Ideal, sondern die Entwicklung der Gesellschaft als dialektischer Prozeß werden Gegenstand des Gedichts [...]. Die Gedichte wollen nicht nur [!] beruhigen, sondern provozieren, sie wollen mit Schablonen, Vorurteilen und Dogmen aufräumen und vertreten das wahre Engagement und das Experiment, sie sind und fordern eine offene Aussprache."[5] Die Anthologie „Wortmeldungen" enthält zwei Gedichte Herta Müllers („Am Schwengelbrunnen", „Legende"), erste, noch unsichere Versuche, kaum eigenständig zu nennen in Ausdruck und Form. Mit ihrer subjektiven Innerlichkeit stehen sie quer zu der angedeuteten Repolitisierung der Literatur, die ihren Höhepunkt in dem gemeinsamen Auftreten einer Reihe junger Autoren, in der Mehrzahl Studenten der Temeswarer Universität, als Gruppe fand, deren gemeinsames Ziel die Rückführung der „Sprache des Gedichts in die Wirklichkeit der Gesellschaft"[6] war. Diese unter dem kollektiven Autornamen „Aktionsgruppe Banat" bekanntgewordene lockere Vereinigung junger rumänischer Autoren deutscher Nationalität (als solche verstand man sich sehr bewußt) um Richard Wagner, William Totok, Rolf Bossert und Johann Lippet verband von 1972 bis zu ihrer gewaltsamen Auflösung im Jahr 1975 mit ihren Texten in Lyrik, Prosa und szenischen Entwürfen die Schaffung einer „neue[n] literarische[n] und politische[n] Öffentlichkeit"[7] und suchte den Anschluß an die „Neue Lin-

---

[3] Bernd Kolf: Unser Beitrag in dieser Runde. In: NL, 1/1974. S. 98.
[4] Wortmeldungen. Eine Anthologie junger Lyrik aus dem Banat. Hg. von Eduard Schneider. Temeswar 1972.
[5] Franz Hodjak: Gruppenbild mit Wagner. In: NL, 3/1973. S. 88f.
[6] Richard Wagner, in Walter Fromm: Interview mit Richard Wagner. In: NL, 2/1979. S. 53.
[7] Der Exitus der deutschsprachigen Literatur Rumäniens. Ein Gespräch mit Rolf Bossert. In: FR, 20.2.1986.

ke" der ausgehenden sechziger Jahre.[8] Herta Müller, die nach dem Besuch des Lyzeums in Temeswar selbst an der dortigen Hochschule Germanistik und Romanistik studierte (1973-1976), war nie Mitglied der Aktionsgruppe, deren Protagonisten ihr anfangs „ironisch", „arrogant" und „überlegen" vorkamen[9]; aber sie gehörte in der zweiten Hälfte der siebziger Jahre zum erweiterten Freundeskreis der ehemaligen Gruppenmitglieder, die sich nun zum Teil in dem offiziellen „Adam-Müller-Guttenbrunn-Literaturkreis" engagierten. Mit ihnen fand sie sich, als sie nach einer längeren Schreibpause nun zur Prosa fand[10], in einer historisch gewachsenen dreifachen Opposition wieder: sprachlich-ethnologisch als Angehörige der deutschsprachigen Minderheit innerhalb eines sprachmehrheitlich anders bestimmten Umfelds, politisch im Konflikt mit den Traditions- und Wertvorstellungen sowohl der Minderheit als auch des sich stalinistisch verfestigenden

---

[8] Vgl. weiterführend William Totok: Die Zwänge der Erinnerung [Anm. 2]; Norbert Otto Eke: „Niemand ist des anderen Sprache". Zur deutschsprachigen Literatur Rumäniens. In: Südostdeutsche Vierteljahresblätter, 2/1990. S. 103-118; Richard Wagner: Die Aktionsgruppe Banat. Versuch einer Selbstdarstellung. In: Nachruf auf die rumäniendeutsche Literatur. Hg. von Wilhelm Solms. Marburg 1990. S. 121-126.

[9] Vgl. „Und ist der Ort, wo wir leben". Schreiben aus Unzufriedenheit. Gespräch mit der Schriftstellerin Herta Müller. In: DW, 9.4.1982.

[10] Herta Müller hat selbst die Wiederaufnahme ihrer literarischen Tätigkeit nach einer langen Phase des Verstummens mit dem Bedürfnis nach Selbstverständigung im Anschluß an den Tod ihres Vaters erklärt. „Ich habe die ‚Niederungen' geschrieben, weil das Überdenken meiner Kindheit, nachdem mein Vater gestorben war, für mein Weiterleben unumgänglich wurde. [...] Ich hatte das Bewußtsein meiner 26 Jahre und das Wissen um die durch diese Jahre angestauten, verlorenen, neuen, ausgetauschten und austauschbaren Werte im Kopf. Ja, das mußte ich und muß ich vor mir selbst zugeben: daß diese Umgebung mich geformt und verformt hat, daß Trachten und Volksfeste und Dreckmaschinen und unbewohnte Zimmer Irritationen auslösten. Ich war viele Jahre mitten drin und bin dann plötzlich abgesprungen, für mich unerwartet abgesprungen. Daher auch meine Besessenheit, weil all diese Dinge noch in meinem Kopf stecken. Sie waren immer da, aber plötzlich waren sie anders." (Annemarie Schuller: Ihre Mittel: arm und reich zugleich. In: KR, 14.6.1985.)

Mehrheitsstaates und literarisch im Widerspruch zu der beschränkten Heimatkunst der Mehrzahl der deutschsprachigen Autoren.[11]

Die große Zeit der Aufbrüche war zu diesem Zeitpunkt bereits Geschichte. Längst hatte die 1971 mit den Julithesen Ceausescus eingeleitete restriktive Kulturpolitik der „kleinen Kulturrevolution" auch dem Experiment einer in ihrer Unabhängigkeit und in ihrem kritischen Anspruch von Anfang an beargwöhnten Literatur ein gewaltsames Ende bereitet. Nur für kurze Zeit war es den Autoren der Aktionsgruppe gelungen, den relativen Spielraum der Minderheitenliteratur im gesellschaftlichen Verkehrssystem der Künste für sich zu besetzen. Das um die Mitte der siebziger Jahre nun restlos auf alle Bereiche des kulturellen Lebens durchschlagende Ende des politischen Tauwetters war nicht ohne Einfluß auf die Literaturentwicklung

---

[11] Vgl. dazu Richard Wagner in einem Diskussionsbeitrag zu dem Rundfunkgespräch „Nachrichten aus der Resig-Nation" (SWF 2: Forum im Zweiten – Kultur, 10.10.1989), der sich – unabhängig von der „Aktionsgruppe" – mit dem Selbstverständnis der kritischen rumäniendeutschen Autoren beschäftigt: „Wir sind nicht repräsentative Intellektuelle der deutschen Minderheit in Rumänien gewesen, sondern wir haben eigentlich in der Revolte gegen diese Minderheit gearbeitet, gedacht, geschrieben. Wir haben eine Art Zweifrontenstellung bezogen. [...] Ja, wir waren eine Minderheit in der Minderheit, weil es da gegen dieses selbstgenügsame, provinzielle, konservative bis reaktionäre Selbstbewußtsein einer solchen Minderheit ging, die immer so ein Kolonistenbewußtsein entwickelt hat, das sehr ethnozentrisch war den anderen Völkern gegenüber, die als Zivilisationsfaktor in Südosteuropa aufgetreten ist. Unser Ansatz war ja ein moderner Ansatz. Wir wollten aus der Provinz heraus und wir hatten eine Position, die wir als links verstanden Ende der sechziger Jahre. Wir grenzten uns da eben sehr deutlich ab, wir konnten andererseits aber auch zu den rumäniendeutschen Kommunisten nicht finden, weil dieser Stalinismus nicht unserem Sozialismusbegriff entsprach, den wir vom Prager Frühling her und vom Jahr 68 her für uns selber geprägt hatten. Diese komplizierte Ausgangssituation war für uns natürlich auch später sehr schwierig für unser Wirken. Wir gehörten nirgends hin und wir waren die Sprecher von niemandem, und deshalb konnten wir nicht eine konventionelle Opposition in Rumänien darstellen. Wir gehörten immer mit einem Stück irgendwo hin, aber nirgends ganz. Und uns hätte in Rumänien niemand als Sprecher akzeptiert, weder die einen noch die anderen." (Nachruf auf die rumäniendeutsche Literatur. Hg. von Wilhelm Solms. Marburg 1990. S. 298.)

geblieben. So hatte eine literarische Diskursform die pointierte, nüchterne Formensprache im „Klartext"[12] abgelöst, für die Walter Fromm den Begriff „engagierte Subjektivität" geprägt hat. „An die Stelle des gewiß wohlgemeinten, aber etwas abstrakt-allgemeinen Engagements, das auch unmittelbar mit der Komplizenschaft des Lesers rechnete", so Emmerich Reichrath im Überblick über diese nicht allein von den Autoren der Aktionsgruppe getragene neue Tendenz innerhalb der rumäniendeutschen Literatur, „war die genaue, auf Alltagsdetails gerichtete Beobachtung getreten, an die Stelle des ‚Wir' das Individuum, an die Stelle des Denkens in Systemen und Theoremen die eigene Subjektivität als Filter der erfahrenen Realität und an die Stelle des pointierten, oft aphoristisch zugespitzten kurzen Gedichts das erzählend-deskriptive und reflektierende Langgedicht."[13] Wenn der theoretische Überbau, der das Schreiben vieler Schriftsteller in den frühen siebziger Jahren überformt hatte, dabei auch weitgehend in den Hintergrund trat, versuchten doch Autoren wie Richard Wagner, Franz Hodjak, Rolf Bossert, William Totok und nun auch Herta Müller in mehr oder weniger starkem Maße den kritischen Impetus der früheren Dichtung in einer subjektiv gefärbten Schreibweise fortzusetzen, die gesellschaftliche Vorgänge im Spiegel individueller Wahrnehmungs- und (Selbst-)Erfahrungsweisen reflektiert. Herta Müller, die seit 1979 regelmäßig in den verschiedensten rumäniendeutschen Periodika veröffentlichte und 1981 den (inoffiziellen) Förderpreis des „Adam-Müller-Guttenbrunn-Literaturkreises" erhielt, hat im Rückblick selbst so die Wurzeln ihres Schreibens am Ende der siebziger Jahre einerseits im Widerstand gegen die verordnete Identität des ‚Deutschseins' im rumänischen Vielvölkerstaat bestimmt, zugleich aber auch den sehr subjektiven Ansatzpunkt ihrer Literatur unterstrichen:

> es war ein Schreiben gegen diese Identität, auch gegen dieses Banat-Schwäbische Dorf, gegen diese sprachlose Kindheit, die alles unterdrückte. Ich habe also immer nur

---

[12] So der programmatische Titel von Richard Wagners erster Gedichtsammlung (Bukarest 1973).
[13] Emmerich Reichrath: Vorwort. In: Reflexe II. Aufsätze, Rezensionen und Interviews zur deutschen Literatur in Rumänien. Hg. von Emmerich Reichrath. Cluj-Napoca 1984. S. 11f.

Erfahrungen aufgeschrieben, mehr war das eigentlich nicht. Ich hatte mir vorgenommen, etwas über diese Gegend, über diese Bevölkerung zu schreiben, ich hatte nie den Eindruck, daß ich so etwas wie Verantwortung diesbezüglich hätte oder im Namen einer Gruppe von Leuten etwas tun sollte. Das war die Erfahrung, die ich gemacht hatte, das war mein Lebenslauf. Ich habe auf meine Erfahrungen reagiert, und ich habe überhaupt keinen Überbau dazu gemacht, ich habe keine Gebäude dazu gebaut, und diese Erfahrung mache ich hier auch. Es blieb mir nichts anderes übrig, als täglich Erfahrungen zu machen, als tägliche Dinge zu sehen, und ich versuche auch hier auf diese Dinge zu reagieren.[14]

Das Widerständige bleibt auch in den folgenden Jahren Ausweis einer Literatur, die sehr bald die räumlichen Grenzen überwand und sich nach dem geographischen Ortswechsel der Autorin neue Erfahrungswirklichkeiten (*Reisende auf einem Bein*) erschloß. Die unter dem Aspekt des Traditionsbruchs angedeutete Außenseiterrolle Herta Müllers als Autorin einer in ihrem kritischen Anspruch ungebrochenen Literatur findet dabei ihr Äqui-

---

[14] Nachrichten aus der Resig-Nation. Rundfunkgespräch SWF 2: Forum im Zweiten - Kultur, 10.10.1989 [Anm. 11]. S. 303. In einem Gespräch mit Annemarie Schuller deutet Herta Müller an, daß ihr Schreibansatz nicht aus dem unbedingten Willen zum (politischen) Engagement hervorging, was (politische) Wirkungen nicht ausschließt, sondern aus negativen Erfahrungen, Hilflosigkeit und Sprachnot: „Das Dorf interessiert mich literarisch nicht mehr. Ich glaube, mit dieser Problematik bin ich fertig. Ich hatte damit begonnen, als mein Vater gestorben war. Ich fühlte damals das Bedürfnis, zu wissen, was für eine Kindheit ich gehabt habe und ich entdeckte, dass sie sprachlos gewesen war. [...] Meine Mutter wollte, dass ich Schneiderin lerne. Sie wollte, dass ich die Aufnahmeprüfung ins Lyzeum nach Temeswar nicht bestehe. Und auch auf die Hochschule nicht. Wenn sie jetzt unter dem, was ich schreibe, im Dorf zu leiden hat, hält sie mir meine Schulen vor. / Mit diesem Dorf im Kopf, kam ich in die Stadt. Ich war lange Zeit völlig auf mich zurückgeworfen. Ich konnte keine Kontakte aufnehmen, ich konnte nicht reden mit den Leuten. Ich schrieb Gedichte, um mich zu vergewissern, dass ich eine Sprache habe, dass es mich gibt. Ich begann, meine Kindheit systematisch abzubauen." („Und ist der Ort, wo wir leben" [Anm. 9].)

valent in einer Poetik des Randes, die gesteuert wird über die Wahrnehmungsperspektive eines subjektiven (authentischen) oder „eigensinnigen" (Friedmar Apel) Blicks: das beobachtende Zentrum der Texte organisiert sich am Rand des Beschriebenen. „Ich versuche", so Herta Müller 1982, „mich immer an den Rand des Geschehens zu denken, das ich wahrnehme. Ich sehe die Menschen, wie sie angeblich frei handeln und dabei nicht wissen, dass sie es unter bestimmten Zwängen tun, dass sie in einem Mechanismus drin stecken, dass sie mit der Freiheit von Marionetten handeln. Ich versuche dann, diesen Mechanismus darzustellen."[15] Noch ihre bislang letzte Erzählung, *Reisende auf einem Bein,* in der die Perspektive des – außerhalb der Erwachsenenwelt stehenden – kindlichen Wahrnehmungs-Ichs aus den „Niederungen" auf einer anderen Ebene wieder aufgenommen wird, ist bestimmt durch diese Wahrnehmungsoptik, die allen Texten Herta Müllers Kohärenz verleiht.[16] Klaus Hensel hat in einem Rundfunkessay diese Poetik des „eigensinnigen" Sehens von den Rändern aus, mit der sich zugleich das Interesse von den Personen und ihrer Geschichte auf „die Geschichten, denen sie ausgesetzt"[17] sind, verlagert, am Beispiel der „Niederungen" in ihren Wirkungen beschrieben: „Die Logik des Erzählens folgt der Bewegung des unverständigen Auges. Das Auge wird mit sich allein gelassen, Abläufe werden zerlegt und im harten Schnitt neu zusammengesetzt. Die ätzende Fügung der Bildsyntagmen, krasse Engführung der Erzählperspektive lassen die Brüchigkeit der sozial sanktionierten Institutionen ins Auge springen."[18] Daß die grundlegende Differenz jeder subjekti-

---

[15] Ebd.
[16] Vgl. dazu: Die Weigerung, sich verfügbar zu machen. Herta Müller und Richard Wagner im Gespräch. In: Zitty, 26/1989. S. 68: „Irene fühlt sich seit ihrer Ankunft in Deutschland wie ein Kind, das die Gesten, das Verhalten, auch die Sprache neu erlernen muß. Sie fühlt sich unmündig gemacht von den Realitäten. Aber nicht so, als ob die Dinge es auf sie abgesehen hätten, sie stehen einfach ganz anders da und man muß neu mit ihnen umgehen lernen. Mich hat beschäftigt, wie das auf eine Person wirkt und wie sie es anpackt, mit den alltäglichen Anforderungen fertig zu werden."
[17] „Und ist der Ort, wo wir leben" [Anm. 9].
[18] Klaus Hensel: Bilder von Jenseits der Schwelle. Notizen zu einem ungewöhnlichen Prosadebüt. Rundfunkmanuskript. HR: Die Alternative – Kultur am Vormittag, 23.8.1984. S. 5.

ven Erfahrung und damit der Bruch in der Wahrnehmung dabei nicht unter der ästhetischen Oberfläche der Texte verschwindet, macht die Prosa Herta Müllers der flüchtigen Lektüre, dem Konsum unzugänglich. Das scheinbar Unverständliche – Vorwurf in der Tageskritik vor allem gegenüber dem Prosaband *Barfüßiger Februar* – markiert den Sprung in der Erfahrung. Das Dunkle ist Ausdruck der Differenz, wie *Reisende auf einem Bein* sie beschreibt: „Das eine ist mein Bild, das andere ist dein Bild, sagte Irene. Dazwischen gibt es nichts." (R 86)

Auf der Fluchtlinie des subjektiven Blicks, in dem sich Innen- und Außenperspektive, Erlebtes und Vorgestelltes verschränken, verschieben sich die Dimensionen zwischen Detail und Ganzem und gerät das Ich in den Sog einer alles erfassenden Auflösung, das es den Gegenständen annähert: „Meine Ärmel, meine Hosenbeine waren wie ein Sack. Meine ganzen Kleider waren wie ein Sack. Das ganze Zimmer war wie ein Sack. Ich selber war wie ein Sack." (N 31) Die Wahrnehmungsperspektive der Texte ist in ihrer Detailgenauigkeit zugleich zergliedernd. Herta Müller selbst hat in ihren Poetikvorlesungen Sehen und Fragmentarisierung/Zerstörung[19] in einen direkten Zusammenhang gestellt: „Der Eindruck, daß genaues Hinsehen zerstören heißt, verdichtet sich mehr und mehr. […] Wenn man Menschen, auch, wenn sie einem nahe stehen, ansieht, wird man schonungslos. Man zerlegt sie. Das Detail wird größer als das Ganze." (T 25f.) Die Erzählung *Der Mensch ist ein großer Fasan auf der Welt* gibt ein Beispiel dafür, wie der subjektive Blick zu einem fremden Blick wird und als solcher das Verhältnis des Betrachters zu den Gegenständen bestimmt. Nur noch als Fremdes kann der Müller Windisch mit dem langsamen Abschiednehmen in einer geschärften Hellsichtigkeit für das Einzelne das Vertraute wahrnehmen. Zugleich zeigt die Erzählung an seinem Beispiel exemplarisch die Gefährdungen auf, denen das Ich mit dieser Verschiebung der Wahrnehmung ausgesetzt ist. Der „fremde" Blick auf die vertraute Welt, neben den (so etwa in der Erzählung „Meine Finger") gleichberechtigt der fremde

---

[19] In der Erzählung *Reisende auf einem Bein* wird dieser Zusammenhang indirekt reflektiert: „Seit ich hier lebe, ist das Detail größer als das Ganze. Das macht mir nichts aus. Nur den Dingen, die zeigen das nicht gern." (R 162)

Blick auf den eigenen Körper hinzutritt[20], macht verletzlich; der Blick *aus* dem Fenster *in* die Welt verwundet:

> Windisch öffnet das Klappmesser. Er prüft die Messerschneide an der Fingerhaut. Er setzt die Messerschneide unterm Auge an. Der Backenknochen bewegt sich nicht. Windisch zieht mit der anderen Hand unterm Aug die Falten glatt. Er schaut zum Fenster hinaus. Da ist das grüne Gras.
> Das Klappmesser zuckt. Die Messerschneide brennt.
> Windisch hat viele Wochen lang unterm Aug eine Wunde. (F 24)

Die Wahrnehmungsoptik des subjektiven (authentischen, fremden) Blicks wird begleitet von einer Bildlichkeit des Ausdrucks, die auf genauen Wirklichkeitsbeobachtungen aufsitzt. Nur durch Bildhaftigkeit, so Herta Müller in einem Interview mit der rumänischen Zeitschrift „Forum studentesc", habe sie den Eindruck, „die Dinge, die mich bedrängen, zwar nicht ändern, aber doch berühren zu können."[21] Herta Müllers Prosa benennt die Gegenstände und entrückt sie dabei zugleich wieder ins Bildhafte. Marlies Janz hat in ihrer Laudatio zur Verleihung des Förderpreises zum Bremer Literaturpreis die Überzeugungskraft der Literatur Herta Müllers in dieser „nie kalkulierbaren, plötzlichen Bildlichkeit ihrer Sprache" zu bestimmen versucht, die „immer wieder überraschende und höchst kunstvolle Verwechslungen von Realem und Phantasie" ermögliche, die näher an der Wahrheit seien „als jeder Versuch einer dokumentarischen Beschreibung".[22] Wie die subjektive (authentische) Wahrnehmung den Text strukturiert und seine Bildlichkeit steuert, zeigen aus verschiedener Sicht die Beiträge von Michael Günther und Stefan Gross. Herta Müller selbst beschreibt die Grundlegung dieser Bildlichkeit in genauen Wirklichkeitsbeobachtungen, die ins poetische Bild überschritten werden, in ihren Poetikvorlesungen am Beispiel

---

[20] Herta Müller: Barfüßiger Februar. Berlin 1987. S. 77-79.
[21] [Interview mit Herta Müller.] In: Forum studentesc (Temeswar), 5 (Mai)/1981.
[22] Marlies Janz: Laudatio auf Herta Müller. In: Die schwarze Botin, Juni/Juli/August 1985. S. 33.

eines vor Wildwechsel warnendem Verkehrsschildes: „Den Straßen entlang werden fliegende Rehe tausendfach unerwartet zum Bild, das seine Grenzen überschreitet. Aus der Notwendigkeit gesetzt, als Hilfe für eine sichere Fahrt, fliegen sie auf jedem Schild aus der Ahnungslosigkeit der Verkehrsplaner in die Ahnung. Sie erfinden sich, sie werden zum poetischen Bild." (T 17)

Blick und Bild sind die Fluchtlinie einer poetischen Sprache, in derem Sog Wirklichkeit zu den Bausteinen eines produktiven Spiels mit Erfahrungen zerfällt. Manfred Etten hat in einer Rezension zu *Barfüßiger Februar* Müllers Prosaarbeiten als „eine beispielhafte Grenzgänger-Literatur" charakterisiert, „die sich ihre eigenen Wurzeln in der Luft schafft, die – wie die Lyrik Celans – aus Sprache einen eigenen Mikrokosmos baut, der sich durch die Kraft seiner inneren Vernetzungen trägt."[23] Herta Müllers Sprache schafft sich in diesem Sinn einen eigenen poetischen Raum in und jenseits der Wirklichkeit zugleich, eine „neue Ordnung der Worte und der Dinge"[24]; Wirklichkeit wird zum Ausgangspunkt einer „erfundenen Wahrnehmung"[25], die (sich) eine eigene Welt entwirft. Das Dorf als Schauplatz der Handlung in Herta Müllers frühen Erzähltexten „Niederungen" und *Der Mensch ist ein großer Fasan auf der Welt* ist in diesem Sinn kein authentischer Ort im Sinne einer mit dem Dokumentarischen verwechselten Widerspiegelungsästhetik, sondern eine Kunstwelt. Apodiktisch erklärt sie selbst: „Das Dorf [der ‚Niederungen'] gibt es nur in den ‚Niederungen'". (T 17)

Das Erfinden der Wahrnehmung als Grundzug von Herta Müllers Ästhetik begründet ein verbreitetes Mißverständnis in Teilen der Tageskritik, die zur Fiktion das Originalbild suchte wie das Negativ zur Photographie und (wie die landsmannschaftlich gebundene Presse) mit Empörung reagierte, wenn sie es nicht fand. Erst unlängst hat der aus Rumänien stammende Kritiker Gerhard Csjeka mit Recht so auf die grundlegende Differenz zwi-

---

[23] Manfred Etten: Seltsames Exil im Land der Muttersprache. Zudem Prosaband „Barfüßiger Februar" und seiner außergewöhnlichen Autorin Herta Müller. In: WoZ, 25.3.1988.
[24] Gebhard Henke: Poetischer Ausbruch aus dem engen Banat. Herta Müllers Prosa-Debüt „Niederungen". In: SZ, 12.4.1984.
[25] Vgl. dazu Herta Müllers erste Paderborner Poetikvorlesung „Wie Wahrnehmung sich erfindet" (T9-32).

schen dem Aufschreibsystem einer realistisch beschreibenden Literatur und der Prosa Herta Müllers hingewiesen, der es nicht um ein „realistisches Ausbreiten von realen Verhältnissen im Banat" gehe, sondern „um Angst, um Solidarität mit dem Lebendigen, um Haß gegen Tötendes, Abtötendes, Terror, Angstmachendes usw., es geht um sehr allgemeine Dinge und um Verhältnisse, in die sie sich hier auch versetzt fühlen kann."[26]

Geschrieben „mit einem gehetzten Blick"[27], steht die Prosa Herta Müllers dabei abseits diskursiv analysierender Schreibformen, deren langer Atem ihr unter dem Druck der Erfahrungen ausgegangen ist; im Kontext der oft ins Groteske umkippenden Bilder aber wird das Benennen unversehens zum Instrument eines kritischen Aufbrechens der Wirklichkeit. Das Schreibverfahren der Autorin kommt, wie Friedmar Apel in seinem Beitrag über die „Poetik des eigensinnigen Blicks bei Herta Müller" detailliert begründet, im „Widerstand gegen die Enteignung der Wirklichkeit" zu sich; im „anderen Blick" lösen sich die versteinerten Verhältnisse auf und kommen ins Rutschen. Die in poetische Bilder übersetzte Beobachtung, die sich zu einer Zergliederung der Erscheinungen formiert, enthält so bereits in sich „den ganzen Kommentar zu einer gleichsam verwunschenen Realität", deutet, „ohne Deutungen aussprechen zu müssen."[28] Dem entspricht ein Schreibverfahren, das Peter Motzan als das einer „kombinatorischen Demontage" beschrieben hat.[29] Die ‚bewegte Optik' der noch in Rumänien

---

[26] [Gerhard Csjeka: Diskussionsbeitrag in:] Nachrichten aus der Resig-Nation. Rundfunkgespräch SWF 2: Forum im Zweiten – Kultur, 10.10.1985 [Anm. 11]. S. 303.

[27] So Richard Wagner 1981 in seiner Laudatio auf Herta Müller: „Und so entstanden dann diese Texte, die nicht der unmittelbaren Reproduktion dienen und geschrieben sind aus dem Irregehn an der Norm, [...] geschrieben mit einem gehetzten Blick, unbequem für die Angeschauten, zuweilen eine Herausforderung, programmatisch die Übereinkunft Wirklichkeit verzerrend und sprengend mit dem ausgesprochenen Schreibziel, die Angeschauten merken zu lassen, wie sie *wirklich* sind und was nicht in Ordnung ist unter der Wolke der Welt, und wie erschreckend die Züge sein können von dem, was man gemeinhin als Ordnung bezeichnet." (Richard Wagner: Laudatio Herta Müller. In: NBZ, 7.6.1981.)

[28] Marlies Janz [Anm. 22]. S. 33.

[29] Peter Motzan: „Und wo man etwas berührt, wird man verwundet." Zu Herta Müller: Niederungen. In: NL, 3/1983. S. 68.

geschriebenen Texte überführt die Konzepte eines linearen Erzählens in die Abfolge filmischer Sequenzen[30], ein Verfahren, das sich mit einer zweifachen Dekonstruktion berührt: des Mythos vom Dorf und der von ihm zehrenden Dorfgeschichte. Herta Müllers rumänische Erzählungen, in denen, wie Richard Wagner in einem frühen Versuch zur Charakterisierung bereits 1979 schrieb, das „Dorf als ein Bezirk der freigelegten existentiellen Irritationen"[31] aufscheint, sind in diesem Sinn unabhängig von ihrem Ausgangspunkt „Kontrafaktur der banat-schwäbischen und siebenbürgisch-sächsischen Dorfgeschichte"[32], deren (ästhetische und ideologische) Geschlossenheit sie überwinden. Weder in diesen „rumänischen" Erzählungen noch in den *Reisenden auf einem Bein*, einem Text, der sich ganz auf die Erfahrungswirklichkeit der Bundesrepublik einläßt, erzählt Herta Müller in dramatischen Spannungsbögen. Die Beweglichkeit der Form, Sätze als Sprünge durch den Raum, wie die Autorin sie selbst in ihren Poetikvorlesungen als wesentliche Elemente ihrer literarischen Arbeit beschreibt, konstituieren vielmehr neben einer ihrerseits wieder durch assoziative Bilderketten und Wortneuschöpfungen unterlaufenen syntaktischen Dürftigkeit (häufiger Gebrauch erweiterter oder prädikatloser Hauptsätze, parataktische Reihungen, Wortwiederholungen in Verbindung mit Parallelstellungen, Chiasmen etc.) eine aus „Rhythmuseinheiten"[33] konstruierte Prosa, die Wirklichkeit in einer kaleidoskopartigen Wahrnehmung fragmentarisiert. An der Grenze zwischen detailscharfem Realismus und surrealer Überbie-

---

[30] Vgl. dazu Peter Motzans Analyse der „Niederungen": „Mit der bewegten Optik korrespondiert die Aufsplitterung des Erzählkontinuums in Sequenzen: Begebenheiten und Beobachtungen, Impressionen und Alpträume, Momentbilder und Lebensläufe, phantastische Ausbuchtungen und reflektierende Passagen. Das eine läuft dabei ins andere über. Die Erzählstrategie verweigert die gezielte Konzentration auf das Exemplarische, doch scheint der dörfliche Raum sich nur aus einer begrenzten Zahl von öffentlichen und privaten Erlebensbereichen zusammenzusetzen, so daß die Erinnerungsfragmente sich summieren – zu einer subjektiv geschilderten, mosaikartig und locker gefügten, kleinen Lebenstotalität." (Ebd. S. 67f.)
[31] Richard Wagner: Von der Praxis der Literatur. Der Adam-Müller-Guttenbrunn-Kreis in der Saison 1978/79. In: KR, 6.7.1979.
[32] Peter Motzan [Anm. 29]. S. 67.
[33] Annemarie Schuller [Anm. 10].

tung der Wirklichkeit in Traum und Phantasie, zwischen karger Nüchternheit und überwältigender Bildkraft entsteht dergestalt ein offenes Textgefüge, das seine Wirkung zum großen Teil von einer Kunst der Verknappung herschreibt, die dem Leser Raum läßt, sich in den Metaphern einzurichten und die fehlenden Verknüpfungen zu (re-)konstruieren zu einem hypothetischen Bild des Ganzen. Diese prinzipielle Offenheit der Erzählungen, auf die Claudia Becker in ihrem Beitrag ausführlich eingeht, wird in der graphischen Gestaltung der Texte gespiegelt: der Zeilenumbruch markiert die Lücke, das Ausgesparte, an dem sich subjektive Lesererfahrungen anlagern können.

Herta Müller hat ihre Überlegungen zur Literatur, ihren Voraussetzungen und Möglichkeiten, nicht in einem ihren Werken nachgetragenen stringenten poetologischem System zusammengefaßt. Nur selten finden sich in ihren Interviews und Gesprächen theoretische Stellungnahmen oder poetologische Reflexionen, die als Erklärungsmuster für eine Literatur herangezogen werden könnten, die sich abseits literarischer Trends nach eigenständigen Mustern zusammensetzt. Die mehrfach zitierten Poetikvorlesungen „Der ganz andere Diskurs des Alleinseins", die Herta Müller im Wintersemester 1989/90 an der Universität Paderborn hielt, waren insofern die ersten dezidierten Versuche, ihr Denken in Sprachbahnen zu lenken, ohne aber das Gedachte vorschnell zum System zu formieren. Diese Versuche, die nun auch unter dem Titel *Der Teufel sitzt im Spiegel. Wie Wahrnehmung sich erfindet* im Berliner Rotbuch Verlag erscheinen[34], folgen der eigenen ästhetischen Logik der Müllerschen Diktion. Selbst literarisch durchformt, sind sie angesiedelt im Grenzbereich zwischen ästhetischer Theorie und

---

[34] Herta Müllers Poetikvorlesungen werden im vorliegenden Buch nach dem unkorrigierten Umbruchexemplar zitiert, das der Rotbuch Verlag dankenswerterweise kurz vor Drucklegung des Bandes noch zur Verfügung gestellt hat. Nur in ganz wenigen Fällen wird auf die Vortragsmanuskripte zurückgegriffen, für deren bereitwillige Überlassung die Autoren Herta Müller selbst zu Dank verpflichtet sind.

künstlerischer Praxis. Poetischer und theoretischer Diskurs durchdringen sich und erscheinen als zwei Seiten des einen Werks.

Die in dem vorliegenden Band versammelten Beiträge entstanden im Anschluß an Herta Müllers Aufenthalt in Paderborn; sie antworten interpretierend, nachzeichnend und kommentierend auf beide Seiten dieser künstlerischen Selbstexplikation. Sie entstammen verschiedenen philologischen Disziplinen (Germanistik, Romanistik, allgemeine und vergleichende Literaturwissenschaft) und spiegeln in der Spannbreite zwischen Essay und wissenschaftlich-systematischer Studie das jeweilige Temperament ihrer Verfasser. Bei aller Unterschiedlichkeit des Zugangs sind sie geeint in dem Bemühen um eine erste (und vorläufige) Annäherung an das Werk Herta Müllers; nicht mehr und nicht weniger. Eine geschlossene Monographie lag nicht in der Absicht von Herausgeber und Verlag. Für sie ist es noch bei weitem zu früh.

Friedmar Apel

Schreiben, Trennen.
Zur Poetik des eigensinnigen Blicks bei Herta Müller

„Es war einmal ein Kind eigensinnig und tat nicht, was seine Mutter haben wollte. Darum hatte der liebe Gott kein Wohlgefallen an ihm und ließ es krank werden, und kein Arzt konnte ihm helfen, und in kurzem lag es auf dem Totenbettchen. Als es nun ins Grab versenkt und Erde über es hingedeckt war, so kam auf einmal sein Ärmchen wieder hervor und reichte in die Höhe, und wenn sie es hineinlegten und frische Erde darüber taten, so half das nicht, und das Ärmchen kam immer wieder heraus. Da mußte die Mutter selbst zum Grabe gehn und mit der Rute aufs Ärmchen schlagen, und wie sie das getan hatte, zog es sich hinein und das Kind hatte nun erst Ruhe unter der Erde."[1] Zu diesem von den Brüdern Grimm aufgezeichneten Märchen gibt es keine Parallele in der Erzähltradition anderer Völker. Oskar Negt und Alexander Kluge haben dazu angemerkt: „Eigensinn ist keine Eigenschaft, die in der deutschen Geschichte besonders ausgeprägt ist. Um so erstaunlicher, mit welcher Härte er bestraft wird."[2]

Sinn hieß ursprünglich: „Bemühung um Wahrnehmen", reflektierter Eigensinn ist dynamisch zu verstehen: als fortgesetzter Versuch, authentisch wahrzunehmen, als Auflehnung gegen sozial verordnete Wahrnehmung. Je mehr soziale Systeme sich durchorganisieren, desto mehr wird Eigensinn diffamiert, notfalls als Wahn und Geisteskrankheit gebrandmarkt. 1798 hatte Kant in seiner Anthropologie verschiedene Formen der Abweichung von der gewöhnlichen und vernünftigen Rede als gefährliche Form des Eigensinns dargestellt, der in einem falschen Gebrauch des Erkenntnisvermögens besteht. Im Eigensinn des Irreredens produziert das Subjekt nach Kant etwas, das es als objektiv ausgibt, obwohl es den Gesetzen der Vernunft nicht entspricht, eine subjektive Regel weigert sich, der allgemeinen sich unterzuordnen, worin Kant die Ähnlichkeit zwischen dem Wahnwitzi-

---

[1] Gebrüder Grimm: Kinder- und Hausmärchen. Darmstadt 1968. Nr. 117.
[2] Oskar Negt/Alexander Kluge: Geschichte und Eigensinn. Frankfurt/Main 1981. S. 765.

gen und dem poetischen Genie erblickt. Selbstbeobachtung kann nach Kant zu Irresein führen, wenn die „dichtende Einbildungskraft" die „Prinzipien des Denkens" überwuchert und die „natürliche Ordnung im Erkenntnisvermögen" verkehrt.[3] Zur gleichen Zeit aber erhoben die Romantiker solchen Eigensinn zur hauptsächlichen Produktivkraft einer Kunst, die auf Veränderung ging, versteinerte Verhältnisse im anderen Blick auflösen wollte. Der romantische Blick konstituierte sich im Versuch, etwas Einengendes aufzusprengen, in der Verweigerung des angeblich rationalen Zwangszusammenhangs. Daß das mit Ausgrenzung bezahlt werden muß, war den Romantikern schon deutlich, selbstbestimmte Identität ist nur um den Preis der Störung der Kommunikation mit der sozialen Umwelt zu haben. Umgekehrt ist Trennung die Voraussetzung des eigensinnigen Blicks als selbstgesetzter Wahrnehmung. Die bürgerliche Literatur geriet da in Widerspruch zur bürgerlichen Gesellschaft, kaum daß sie sich konstituiert hatte.

Die Einzigartigkeit der Stimme Herta Müllers in der deutschen Gegenwartsliteratur resultiert aus der Radikalität eines solchen, nun aber deromantisierenden eigensinnigen Blicks, der aus einer eigentümlichen Überlagerung von Trennungen verständlich wird. Herta Müller hat sich im Verhältnis zu ihrer banatschwäbischen Umgebung rückblickend als ein eigensinniges Kind beschrieben, freilich als ein modernes und gewitztes, dem es lange Zeit gelang, der Bestrafung des Eigensinns durch Täuschung zu entgehen. Die Welt des Volksmärchens kennt keine Trennung zwischen Innen und Außen; daß das eigensinnige Kind ausgemerzt wird, entspricht dem Formgesetz des Volksmärchens. Das moderne eigensinnige Kind aber weiß um diese Trennung oder ahnt sie mindestens und arbeitet mit ihr, solange es auf die soziale Umwelt angewiesen ist: „Was ich im Nachhinein noch genau weiß, was mich daran erschreckt, ist, daß ich damals nicht vor der erfundenen Wahrnehmung Angst hatte, sondern vor der Tatsache, daß man das weiß. Meine größte Arbeit war, das, was im Kopf stand, zu verstecken. Das Täuschen war die Arbeit meiner Kindheit. Wußte ich doch sehr genau, daß man als ‚krank' erklärt werden konnte. Und wie rasch so was ging. Und

---

[3] Immanuel Kant: Anthropologie in pragmatischer Hinsicht. Berlin 1872. S. 108ff. Vgl. dazu: Klaus Dörner: Bürger und Irre. Frankfurt/Main 1975. S. 208ff.

wie endgültig das war und blieb, wenn es einen mal getroffen hatte. ‚Geisteskrank' sagten sie dazu, wenn sie Mitleid empfanden. Doch meist empfanden sie keins und sagten ‚verrückt'. Und ich wußte auch, daß es hinter der Norm nichts mehr gab, wodurch man dazugehörte, in einem kleinen Dorf." (T 13)

Es scheint, daß sich im banatschwäbischen Dorf unter dem Druck der Identitätswahrung die deutsche Tradition der Ausgrenzung des Eigensinns besonders intensiv erhalten hat. Wie hauptdeutschen Kindern gleicher Generation nicht unbekannt, kommen die Verbote für Herta Müller im Gewand der Volksmärchentradition daher: „Im Spiegel sitzt der Teufel", „Den Vogel, der morgens singt, frißt die Katz." Selbstwahrnehmung ist so gefährlich wie eine eigene Stimme, wer öffentlich allein spricht, redet irr, was hinter der Stirn geschieht, ist Schande. Die fiktive Verkörperung dieser einem Kind poetisch erscheinenden, da häufig durch das Großmütterchen vermittelten, bei näherem Hinsehen aber ungemütlichen Tradition ist „der deutsche Frosch" aus den „Niederungen"[4], eine Dekonstruktion des Volksmärchenmotivs: „Der deutsche Frosch verwandelte alles in Eitelkeit und Verbote. Er wußte, daß Einzelne, wenn sie einzigartig sind, keine Gruppe bilden." (T 21) Er wacht über das Sprechen wie das Schweigen. Wer mit eigener Stimme spricht wird ebenso gebrandmarkt wie der, der im gemeinsamen Gebet schweigt. Wer mit den Gedanken woanders ist, macht sich verdächtig.

Widerpart des eigensinnigen Blicks ist das Auge der Macht. In dessen Anblick wird Herta Müller die Abbildung der Dorfverhältnisse im totalitären Staat Rumänien deutlich. „Der deutsche Frosch war der erste Diktator, den ich kannte. Er schielte schon im Kindergarten und in der Schule aus dem Dorf hinaus. Hatte schon damals die Pupille dem zugewandt, was noch eine Weile abstrakt blieb, was später konkret werden sollte: der totalitäre Staat [...]." (T 21) „Zum deutschen Frosch kam der Frosch des Diktators" (T 29) Ceausescu hinzu. Der eigensinnige Blick als Erfindung der Wahrnehmung ist auf das Auge der Macht bezogen. Im ausgeschnittenen Auge des Diktators stößt er die Überwachung auf sich selbst. Der Blick, der diese Überwachung unverstellt wahrnimmt, beseitigt nicht die Ohnmacht, aber er

---

[4] Herta Müller: Niederungen. Berlin 1984. S. 17-94; bes. 94.

bildet sich daran, wird wachsamer Blick: „Vielleicht reichen zweiunddreißig Jahre des Frosches aus, sich den wachsamen Blick anzueignen, bei allem, was man sieht." (T 29)

Der wachsame, eigensinnige Blick als Voraussetzung und Folge der erfundenen Wahrnehmung ist angesichts des Auges der Macht die einzige Möglichkeit, die Idee der Veränderung der Verhältnisse festzuhalten. Auch hier bleibt eine Tradition der Romantik in desillusionierter Form anwesend. Wie den Romantikern ist Herta Müller das Werk Bild, das Unsichtbares sichtbar macht, „Möglichkeit für das Unvorhersehbare" (T 18) und Ungeschehene. Mit Marieluise Fleißer glaubt sie an die Möglichkeit, daß das, ‚was von innen kommt, dereinst von Außen' kommen könnte, aber es ist nicht eine poetisierte, mangellose Wirklichkeit, die in ihren Texten zu sehen ist, vielmehr kann es geschehen, daß der eigensinnige, der trennende und zerlegende wachsame Blick das zu Sehende noch bedrohlicher erscheinen läßt. Er stellt sich der Sinnlichkeit der Schmerzerfahrung. So kann Hinsehen bei Herta Müller Zerstören heißen, Zerlegen, aus dem Zusammenhang reißen, Trennen, Sezieren. Trennungen setzen in Distanz, bringen den Verlust der Nähe zu Menschen und Dingen, ihr Gewinn ist selbst Negativität, Nichtakzeptieren von Einschließungsverhältnissen. Die erfundene Wahrnehmung bleibt an die Negativität der Verhältnisse gebunden, aber in eben solchem Aushalten sieht Herta Müller die Chance der Authentizität.

Das eigensinnige Kind Herta Müller hatte sich nicht getäuscht: als der eigensinnige Blick Wort und öffentliche Stimme geworden war, folgte die Strafe der Ausgrenzung. Sie wurde angespuckt, als Nestbeschmutzerin beschimpft und für krank erklärt, wie vorausgeahnt. Es nützte Herta Müller nichts, daß sie erklärte, das Dorf der *Niederungen* existiere nur in dem Text, ihr Vater sei nicht der erzählte, die Wahrnehmung erfunden. Ich bin ja nicht dumm, pflegte ihre Mutter darauf zu antworten, ich kann ja auch lesen. Tatsächlich verstand sie wohl nur zu gut, die Gefährlichkeit des Eigensinns für das soziale Gefüge, so gut wie die Mutter des eigensinnigen Kindes aus dem Märchen, aber auch ihr gelang es, ebensowenig wie dem Geheimdienst, den Eigensinn abzutöten. Die erfundene Wahrnehmung beseitigt die soziale Angst nicht, aber sie befähigt, der Überwachung ins Auge zu sehen und die Angst auszuhalten.

Der wachsame und eigensinnige Blick traut den Bildern nicht, er stellt sich immer auch selbst in Frage. Was wir sehen, geht auf ein Betrugsmanöver des Gesichtssinns zurück. „Unser Auge liegt so, daß es eine größere Fläche als der eine Augapfel groß ist, sieht. Daher steht immer ein Bild vor dem Auge, das zusammengesetzt ist. Das aus Vielem, nicht Zusammengehörendem besteht. Und jedes unserer beiden Augen sieht ein für den einen Augapfel zu großes Bild. / Mit beiden Augen sehen wir jedoch nicht zwei Bilder, sondern ein einziges übergroßes Bild. Unsere Augen liegen so, daß beim Schauen der Riß im Bild drin ist. Und sich zudeckt, damit die Hälften unseres Körpers nicht noch einmal hilflos in den Hälften des Sehens stehn." (T 76) „Wir sind wach, wir schauen und unser Augenlid zuckt und zuckt. Schließt sich immer wieder in seinen eigenen Takten. Es verdeckt uns den Blick, unser Augenlid. Und wir sehen den ‚Dunkelriß' nicht. Auch damit betrügt uns das Auge durch den Schlag des Augenlids." (T 77)

Dieser Täuschungsverdacht hat seine analytischen Grundlagen. Er geht davon aus, daß Sehen ein aktiver, dynamischer und zusammengesetzter Vorgang ist. Mit dem Schreiben hat er gemeinsam, daß er Selektion und Kombination von Elementen unter bestimmtem Interesse ist. Zum Zwecke der Orientierung, zur Schmerzvermeidung, wird ein Zusammenhang hergestellt, der den Dingen nicht selbst eignet. Der eigensinnige Blick der Erzählerin Herta Müller versucht, die Risse in den Bildern zu sehen, den Verblendungszusammenhang aufzulösen. Er zerschneidet und trennt und setzt neu zusammen. So verfährt Irene in „*Reisende auf einem Bein*"[5], wenn sie Collagen macht: „Als schneide sie ihre einzelnen Lebensaugenblicke aus, als halte sie das, was jeden Tag mit ihr und anderen geschieht in der Hand, so stellt sich Irene die Collage zusammen. So stellt sich für Irene die Collage nach ihren eigenen, undurchschaubaren Takten zusammen."[6]

Die Idee, daß die Dinge zu falscher Identität zusammen gezwungen worden sind, entstand am Beginn der Moderne als Auflehnung gegen den mechanistischen Natur- und Dichtungsbegriff der Aufklärung. 1762

---

[5] Herta Müller: Reisende auf einem Bein. Berlin 1989.
[6] Herta Müller: Der Riß als Chronologie und Kontinuität des Geschehens. Vortragsmanuskript Paderborn 1989/90. S. 11. Im Drucktext ist diese Passage gestrichen.

schreibt Johann Georg Hamann in seiner „Aesthetica in Nuce": „Die Schuld mag aber liegen, woran sie will, (außer oder in uns): wir haben an der Natur nichts als Turbatverse und disiecti membra poetae zu unserm Gebrauch übrig. Diese zu sammeln ist des Gelehrten; sie auszulegen, des Philosophen; sie nachzuahmen – oder noch kühner! – sie ins Geschick zu bringen des Poeten bescheiden Theil."[7] Hamanns Trennungsblick gewahrt die Risse zwischen den Teilen, er sieht, wie die Vernunft die Welt zerschlagen hat, die Natur ist ihm ein zerschnittenes Gedicht, dessen Teile nur der Dichter in einen Zusammenhang bringen kann, der zugleich neu und ursprünglich ist, auf die wiederzuerlangende paradiesische Einheit der Dinge deutet. Etwas von der Sehnsucht, die Dinge in ihrem ursprünglichsten Verhältnis zu zeigen, bleibt auch bei Herta Müller anwesend, aber sie kommt ohne einen Schöpfungsbegriff aus. Wie ein neuer gottferner Engel wendet sie jeglicher Erlösungsvorstellung den Rücken zu und kann auch in der Kindheit nichts Paradiesisches entdecken.[8]

Dennoch oder gerade deshalb folgt die Umsetzung des Bildes in Wort und Satz bei Herta Müller dem mystischen Impuls, die Dinge selber reden zu lassen. Im Schreiben wird die Wahrnehmung entkleidet, dekonstruiert. Schreiben ist selbst noch einmal ein Trennungsprozeß, ein Abtragen von Oberfläche, gegen das sich die erfundene Wahrnehmung, die sich fast ganz auf Bilder verläßt, wehrt. Der Satz muß der erfundenen Wahrnehmung abgerungen werden, aber nicht in einer bewußten Willensanstrengung, die ins Eigene ziehen will. Das Fortschreiben der Bilder geht ins Fremde. Im Schreiben transzendiert sich der Blick selbst, Schreiben ist nicht die Umsetzung des Bildes zum Satz, sondern der Prozeß, der dazu führt, daß ein Satz die Augen aufschlägt, sich selber sieht. (T 83f.) Ein solcher Satz enthält ganzheitliche, also ursprüngliche Wahrheit, freilich eine unwirkliche: „Es ist eine Lüge, wenn ich den Satz nicht so aufschreibe, wie er sich selber sieht. Sie bleibt nicht leise. Es ist eine Lüge die schreit. Es ist, wie wenn man etwas sieht und etwas anderes vorgibt zu sehen." (T 35) „Die Wahrheit

---

[7] Johann Georg Hamann: Schriften zur Sprache. Hg. von J. Simon. Frankfurt/Main 1967. S. 109.

[8] Vgl. Walter Benjamins Deutung des „Angelus Novus" von Paul Klee in der IX. These „Über den Begriff der Geschichte", in: Gesammelte Schriften I, 2. Frankfurt/Main 1978. S. 697f.

des geschriebenen Satzes ist immer eine ganze Wahrheit, weil sie unwirklich ist." (T 36)

In der Tradition der Romantiker vermutet Herta Müller die Wahrheit hinter der Erscheinung, im Gegensatz zu ihnen aber verzichtet sie auf den Gedanken der Versöhnung, auf Utopie. Schreiben ist das ortlose Gegenteil von Leben wie von Denken. „Ein großer Rückzug, ich weiß nicht wohin, und ich weiß nicht, worauf. An keinen Ort und nicht auf mich selbst. Es ist die lückenlose Unwirklichkeit, die mich, so scheint es, dennoch auffängt." (T 34) Die Motivation zum Schreiben kommt aus der Kraft der Negation, aus dem Impuls des Trennens als Befreiung aus Zwangsverhältnissen. So zerstört Herta Müller in ihren poetologischen Reflexionen jegliche idyllische Vorstellung vom Schriftsteller, berichtet vom Widerwillen gegen das Schreiben, vom „Schrecken vor dem Satz." (T 44) Schreiben als Trennungsarbeit ist zerstörerisch, wird mit dem Verlust von Zusammenhang, Wärme und Nähe bezahlt. Sich beachten, heißt für Herta Müller: sich wehzutun.

Herta Müllers „Diskurs des Alleinseins"[9] ist die Fortschreibung und Transformation des eigensinnigen Blicks, das dynamische Akzeptieren von Trennungsverhältnissen. Seine spezifische Form ist aus dem Prozeß der ineinander verschachtelten Abtrennungen von der Familie, der dörflichen Gemeinschaft der ethnischen Minderheit, dem totalitären Staat Rumänien nicht zu lösen. Herta Müller hat diesen Diskurs, solange er nicht öffentlich wurde, als Kompensation für den offenen und öffentlichen Widerstand gegen ein Zwangssystem erklärt (T 65), als ins Private gewendete fiktive Widerstandshandlung, die dann in eine reale umschlug und den Geheimdienst auf den Plan rief. Jedoch hat sich in *Reisende auf einem Bein* gezeigt, daß sich dieser Diskurs angesichts des „Froschs der Freiheit", den Systemzwängen des demokratisch-kapitalistischen Systems, in dem sich Herta Müller neuerlich Trennungssituationen ausgesetzt sah, sich als fremd und anders empfinden mußte, seine Funktion bewahren konnte.

---

[9] Unter dem Rahmenthema „Der ganz andere Diskurs des Alleinseins" standen Herta Müllers Poetikvorlesungen an der Universität Paderborn im Wintersemester 1989/90.

Der eigensinnige Blick und der „ganz andere Diskurs des Alleinseins" sind bei Herta Müller aufeinander bezogene Formen des Standhaltens gegenüber dem Auge der Macht, dem Zwang zur sozialen Normierung, gegenüber der Angst vor der Ausgrenzung oder gar Ausmerzung. Daß die Wahrheit der widerständigen Rede ortlos und unwirklich ist, heißt nicht, daß sie für die Realität folgenlos bleibt. Erfundene Wahrnehmung kann im Rückblick Wirklichkeit annehmen; mit Reiner Kunze ist Herta Müller davon überzeugt, daß der Schriftsteller für seine ästhetischen Überzeugungen auch im Alltagsleben die Verantwortung trägt[10], gerade deshalb, weil seine Texte ihm im Augenblick der Fertigstellung nicht mehr allein gehören, weil sie soziale Fakten geworden sind. Wie Herta Müller in Rumänien den Eltern, dem Parteifunktionär, der Schulrektorin, dem Geheimdienst in Blick und Rede entgegentrat, so auch in der Bundesrepublik dem autoritären Charakter in der Gestalt des Bahnschaffners oder des arroganten Kongreßorganisators, der mit Schriftstellern wie mit Abhängigen umspringt. Ihr Verfahren der Destruktion der Oberfläche der Bilder hat sich in ihren kritischen Reportagen ebenso bewährt wie in der Besprechung jener Fernsehserie, deren Bilder das Emigrantenschicksal rührselig, unterhaltsam und gemütlich machen wollten.[11] Dort wie hier erregten die Eigenschaften, die Herta Müller sich als Produktivkräfte zuschreibt – „Unruhe" und „Unmaß" – Anstoß und Ungemütlichkeit. Was diesen ästhetischen wie lebenspraktischen Widerstand aber so human und anrührend macht, ist, daß er nichts Eisiges, Ideologisches oder Besserwisserisches an sich hat, daß er um seine Gebundenheit an die falschen Zusammenhänge weiß, daß er unmittelbar in Begriffslosigkeit und Trauer um ein unnennbares Verlorenes übergehen kann; ganz so, wie die analytische Präzision von Herta Müllers Prosa gerade im Extrem des Trennens zum Melodiösen durchdringt, wie von ferne den Klang einer besseren Welt hören läßt.

---

[10] Herta Müller: Wie Erfundenes sich (im Rückblick) wahr (wirklich) ausnimmt. Vortragsmanuskript Paderborn 1989/90. S. 16. Herta Müller zitiert dort aus Reiner Kunzes Poetikvorlesungen in München und Würzburg: „Schriftsteller sein, heißt auch, das eigene Leben als eine Konsequenz des Ästhetischen anzunehmen." Im Druck ist diese Passage gestrichen.
[11] Tierliebe und Gottesfurcht. Herta Müller über die ZDF-Aussiedlerserie „Unter einem Dach". In: Der Spiegel, 17.9.1990. S. 261-265.

Die 68er-Bewegung, in deren Tradition Herta Müller steht, ohne von ihren Frustrationserscheinungen sonderlich angekränkelt zu sein, hatte die Novalissche Forderung „Die Phantasie an die Macht!" wieder auf die Fahne gesetzt. Wenn Herta Müller zu Parolen neigen würde, müßte die ihre lauten: „Die Phantasie gegen die Macht!": „Ja, in der Unberechenbarkeit der erfundenen Wahrnehmung und in den Umwegen, auf denen sie sich im Rückblick, wahr, wirklich nimmt, sitzt der Teufel." „Wer sich selber nie begegnet, wer den Spiegel liegen läßt, hat Angst davor, wie er in der Wahrnehmung der anderen gesehen und erfunden wird." (T 54) Das ist der Kern der Angst der Mächtigen vor der Phantasie. „Die Mächtigen müssen wegen ihrer Macht immer durch die Augäpfel der andern gehen. Wie gerne würden sie den Augäpfeln, durch die sie gehn, den Blick enteignen." (T 55) Widerstand gegen die Enteignung der Sinnlichkeit ist das ästhetische und ebensowohl politische Grundmotiv von Herta Müllers Poetik des eigensinnigen Blicks.

Claudia Becker

‚Serapiontisches Prinzip' in politischer Manier. – Wirklichkeits- und Sprachbilder in „Niederungen"

Ihrer ersten Paderborner Poetik-Vorlesung „Wie Wahrnehmung sich erfindet" stellt Herta Müller als Motto ein Zitat von Marieluise Fleißer voran: „Aber was von innen kommt, das kommt bald auch von außen." Sowohl der – zunächst paradox anmutende – Titel ihres Vortrags als auch dieses pointierte Motto benennen die Pole, zwischen denen sich das Werk Herta Müllers bewegt: ihre poetische Sprache und Metaphorik speist sich aus dem Spannungsverhältnis zwischen Wahrnehmung und Imagination bzw. Erfindung, zwischen Innenwelt und Außenwelt. Die Grenzen zwischen diesen Bereichen sind fließend. Phänomenologische Wirklichkeitsbeschreibung geht über in Fiktionalität; diese wiederum konstituiert sich aus Imagination und Bewußtseinsdaten einer Innenwelt, in der die Außenwelt ihre Spuren hinterlassen hat. Die eigenwillige „sur-reale" Bildhaftigkeit, die gerade in den frühen Schriften – besonders auffällig in den Kurztexten von *Niederungen* – eine der auffälligsten Lesezeichen bildet, läßt sich zurückführen auf eine Wahrnehmungsweise, die den Blick auf die Außenwelt zum Auslöser einer spezifischen Innenwahrnehmung werden läßt und diesen mit jener zusammenführt.

Dieses durch die Duplizität der Wahrnehmung bestimmte besondere Wechselverhältnis zwischen Innenwelt und Außenwelt betont Herta Müller selbst als wichtigstes Konstituens für ihre Dichtung: „Ich merke an mir, daß nicht das am stärksten im Gedächtnis bleibt, was außen war, was man Fakten nennt. Stärker, weil wieder erlebbar im Gedächtnis, ist das, was auch damals im Kopf stand, das was von innen kam, angesichts des Äußeren, der Fakten." (T 10)

Diese Sichtweise ließe sich in einer ersten Annäherung als ‚romantisch' charakterisieren, schließt sie sich doch implizit einer Kunstauffassung an, wie sie etwa E.T.A Hoffmann in seinem „serapiontischen Prinzip" formuliert, das ebenfalls von der poetischen Übersetzung erlebter Wirklichkeit in Dichtung ausgeht. Außenwelt und Innenwelt stehen für den romantischen

Dichter in dialektischer Spannung zueinander: „Es gibt eine innere Welt, und die geistige Kraft, sie in voller Klarheit, in dem vollendetsten Glanze des regendsten Lebens zu schauen, aber es ist unser irdisches Erbteil, dass eben die Aussenwelt [...] als Hebel wirkt, der jene Kraft in Bewegung setzt."[1] Auch die Bilder und Metaphern in Herta Müllers Frühwerk bezeugen diese „Hebelwirkung" der Außenwelt, was zugleich bedeutet, daß die Imagination nicht aus sich heraus eine freie, autonome Welt zu schaffen bzw. zu gestalten vermag. Die bedrückenden Ereignisse ihrer Kindheit, die den Erzählgegenstand des Bandes *Niederungen* bilden, sind in der Erinnerung so eindrücklich präsent, daß der (Flucht-)Weg in eine reine Innerlichkeit als eskapistischer, illusionistischer Gegenwelt wie verwehrt scheint.

Innenwelt und Außenwelt befinden sich in einem unauflösbaren reziproken Projektionszusammenhang. Diese Aufhebung der Grenze zwischen Innen und Außen ist motiviert und intensiviert durch die Perspektive des Kindes, welche die Erzählhaltung in „Niederungen" durchgängig bestimmt. Das Kind vermag nicht das Wahrgenommene von sich abzugrenzen, es ist unfähig zur Unterscheidung zwischen Einzelnem und Allgemeinem, zwischen geistigen und materiellen Prozessen, zwischen Subjektivem und Objektivem, zwischen Belebtem und Unbelebtem. Ein Beispiel für diesen kindlichen Animismus, für das Beleben der Natur und das symbiotische Einswerden mit ihr, ist die in dem Zentraltext geschilderte Schlüsselszene, in der das Kind mit der es umgebenden Landschaft zu verschmelzen scheint: „Ich war eine schöne sumpfige Landschaft. / Ich legte mich ins hohe Gras und ließ mich in die Erde rinnen. Ich wartete, daß die großen Weiden zu mir über den Fluß kommen, daß ihre Zweige in mich schlagen und ihre Blätter in mich streuen. Ich wartete, daß sie sagen: Du bist der schönste Sumpf der Welt, wir kommen alle zu dir. Wir bringen auch unsere großen schlanken Wasservögel mit, aber die werden flattern in dir und in dich hineinschreien. [...] Ich wollte weit werden, damit die Wasservögel mit ihren großen Flügeln Platz in mir haben; Platz zum Fliegen." (N 78)

Doch sind Stimmungsbilder wie diese in ihrem fast idyllischen Charakter eine Ausnahme. Zumeist präsentieren sich die Außenwelt und ihre Bil-

---

[1] E. T. A. Hoffmann: Sämtliche Werke in Einzelbänden. München 1960-1965. Bd. 3. S. 54.

der in dumpfer Bedrohlichkeit und dringen ein in die schutzlose Innenwelt des Kindes; dort entfalten sie ihre physische Bedrohung, die Imagination reproduziert die sich den Sinnen ungefiltert darbietende brutale Realität in weiteren angsteinflößenden Bildern. Konkrete Ereignisse wie Begräbnisse, Schlachtungsszenen, brutale Erziehungsmaßnahmen etc. – die Wirklichkeit selbst gebiert ihre Ungeheuer, die sich in Traum und Phantasie fortsetzen und auswachsen zu grotesken Monstrositäten. Alltägliche Szenen des bäuerlichen Lebens wie die Schlachtung eines Schweins werden durch die Identifizierung des Kindes mit dem Opfer zum Auslöser eigener existentieller Todesangst. „Ich fühlte das Messer an meiner Kehle. [...] Der Schnitt wurde weit größer als ich, er wuchs übers ganze Bett, er brannte unter der Decke, er stöhnte sich ins Zimmer. / Die zerrissenen Eingeweide rollten über den Teppich hin, sie dampften und rochen nach halbverdautem Mais. / Ein maisvoller Magen hing über dem Bett an einem Darm, der immer dünner wurde und zuckte. / Als der Darm abreißen wollte, zündete ich das Licht an." (N 31) Auch die zur natürlichen Umgebung des Dorfes gehörenden Schlangen, die sich nur durch die Bewegung der „Blätter und Stengel" bemerkbar machen, werden in den Augen des Kindes zu Verkörperungen eigener Ängste: „[...] die Angst ringelt sich durch das weiße umherschwebende Gefieder der verblühten Butterblumen. Jedes Blatt, jeder Stengel wird eine Schlange. Das Gezücht wimmelt im Klee, es sammelt und knäult sich im Hals und im Bauch." (N37)

Ist schon die Entstehung bestimmter, verfremdeter Bilder auf eine kindliche Sichtweise zurückzuführen, die ihren magischen Zauber eingebüßt hat („Ich halte nicht viel von der magischen Seite der Kindheit, ist sie doch nichts als die früheste Form des Erwachsenseins [...]" [T 12]), so scheint überdies die sprachliche Umsetzung dieser vergegenwärtigten Vergangenheit zugleich die unaufhebbare Distanz zwischen dem damals Erlebten und der Erzählergegenwart zum Ausdruck zu bringen: „Ich rede darüber. Ich lebe nicht mehr darin." (T10) Die „Hinrichtung" (N58) des Kalbes etwa, die das Kind nicht direkt miterlebt, sondern in Zeichen des Vorher und Nachher beschreibt (von „der Onkel brachte einen großen Hammer aus dem Hinterhof" [N 57] über „in der Jauche lagen zwei Augen" [N 58] bis „Vater nagelte das große rotgefleckte Fell zum Trocknen an die Scheunenwand" [N 58]) zeitigt in der emotionslosen unvermittelten Sprache, welche die

Einzelwahrnehmungen additiv rekonstruiert, Betroffenheit *und* (ästhetische) Distanz. „Ich rekonstruiere, auch, wenn ich innerlich nachvollziehe. Ich kann das sagen, ich kann nachvollziehen und reden zugleich." (T 10) Ebenso protokollhaft wie diese Beobachtungen werden die anschließenden (Alp-)Träume des Kindes wiedergegeben: „Ich träumte, daß ich das Fell mit Messer und Gabel essen mußte, daß ich aß und erbrach und weiteressen mußte und noch mehr Haare erbrach, und Onkel sagte, du mußt alles essen, oder du mußt sterben. Als ich im Sterben lag, wachte ich auf." (N 58) Die Ereignisse des Tages setzen sich in krassen Traumbildern fort und überführen den erlebten Schrecken in traumatische Todesbedrohung. Die beiden Bereiche – Realität und Traum – sind nicht voneinander getrennt, sondern verbunden durch die sie gemeinsam bestimmende Perspektive des angsterfüllten Kindes, dessen Wahrnehmung ebenso selektiv ist wie die in bestimmten Bildern sich verdichtenden Träume. Die Erlebnisse der Kindheit, die in der Einheit von Traumbildern, Angstvisionen und Erinnerungen begründet sind, werden im sprachlichen Vollzug der sich erfindenden Wahrnehmung nicht nur bewältigt, sondern gleichsam gebannt in den poetischen Ausdruck, diesem als Material untergeordnet und verfügbar gemacht.

Die in der komplexen Wahrnehmungsstruktur sich präsentierende disparate Wirklichkeit prägt unmittelbar die spezifische Bildtechnik und Sprachstruktur. Charakteristisch für den Stil der Kurztexte in dem Band *Niederungen* ist die parataktische Reihung von Einzelbeobachtungen. Ihre scheinbare Unverbundenheit reflektiert die „Unruhe" (T 19) der sich erfindenden Wahrnehmung beim Schreiben, den „Sprung ins Unberechenbare" (T 19). Die einzelnen (Kurz-)Texte weisen keine Handlung im herkömmlichen Sinn auf; sie sind strukturiert durch eine additive Reihung von Situationen, die das wahrnehmende Subjekt bedrohlich zentriert sind. Dieser parataktischen Methode („man [muß] in kurzen Takten seine Sätze schreiben" [T 19] erinnert nicht von ungefähr an den frühexpressionistischen Reihungsstil; hier wie dort wird eine Zertrümmerung der Wirklichkeit in heterogene Elemente sinnfällig, die allein im Medium der Sprache neu zusammengesetzt werden. Parataktischer Stil und Montagetechnik entsprechen auf formal-struktureller Ebene dem Verlust eines geschlossenen, kohärenten Selbst- und Weltverständnisses. Ichverlust bestimmt so die Bildwahrnehmung des Subjekts: die Welt erscheint ebenfalls als chaotisch, zerfallend. So wird auch für Herta Müller der genaue, fixierende Blick zum zerstörerischen Akt: „Der Eindruck, daß genaues Hinsehen zerstören heißt, verdichtet sich mehr und mehr." (T 25f.) Existentielle Angst und Unruhe schärfen den Blick für das Detail, welches überdimensional den Gesamtzusammenhang verdrängt; die Wirklichkeit erscheint ebenso fragmentarisch wie zusammenhanglos: „Das Detail wird größer als das Ganze." (T 26)

Wie sich der Verlust eines sinnstiftenden Zusammenhangs auf der Ebene der Textstruktur widerspiegelt, verdeutlicht folgende Passage: „Meine Schlafpuppe liegt mit dem Gesicht im Polster des Stuhls. Ich lege sie auf den Rücken. [...] Eisblumen spinnen ihr Dickicht über die Fenster. [...] Mutter schneidet mir die Nägel so kurz, daß mir die Fingerspitzen wehtun. Ich fühle mit den frischgeschnittenen Fingernägeln, daß ich nicht richtig gehen kann. [...] Die Eisblumen verschlingen ihre eigenen Blätter, sie haben das Gesicht milchiger blinder Augen. / Auf dem Tisch dampft die heiße Nudelsuppe." (N 43) Durch den selektiven Blick zerfällt die Außenwelt in einzelne Zeichen und Signale. Auch die Syntax vermag zwischen den Einzelbeobachtungen, die abwechseln mit Traum- und Erinnerungssequenzen, keinen logischen, sondern nur noch einen assoziativen (Sinn-)Zusammenhang herzustellen. Die Vor- bzw. Darstellung der Außenwelt unterliegt einem zweifachen Prozeß der Entfremdung bzw. Destruktion. Ist es zunächst die fixierende Großaufnahme des Details, die die Wirklichkeit in überdimensionale Ausschnitte, in Fragmente ‚zerlegt', so wird die Verfremdung während des Schreibprozesses selbst nochmals verstärkt: „Aus dem, was man erlebt hat, sucht sich der Zeigefinger im Kopf auch beim Schreiben die Wahrnehmung aus, die sich erfindet." (T 20) Das poetische Material der Texte konstituiert sich somit aus den Bildern der präzisen, sezierenden Beobachtung und einer vom Zufall „geschaukelt[ten]" (T 19) selektiven Erinnerung – einer Art „mémoire involontaire" – und gewinnt in der Sprache einen neuen Zusammenhang. Das doppelte Selektionsverfahren bewirkt jene „Verkürzung der Dinge" (T 11), die in dem Stil der lyrischen Verknappung ihren adäquaten Ausdruck findet. Die Vermeidung jeglicher epischer Zusammenhänge läßt ohnehin die kurzen Texte in dem Erzählungsband *Niederungen* eher als Prosagedichte erscheinen.

Mit den Möglichkeiten indirekten Sprechens des lyrisch-verdichteten Stils bedient sich Herta Müller bewußt eines den Rezeptionsvorgang steuernden Erzählverfahrens, das Raum läßt für das „Ausgelassene" (T 19). Die Scharnierstellen zwischen den einzelnen kurzen Sätzen und Passagen öffnen zugleich eine Dimension für „das was man nicht aufschreibt", und das sich dennoch bemerkbar macht „in dem, was man aufschreibt." (T 19) Konstitutiv für ihre Dichtung sind so die durch Aneinanderreihung unterschiedlicher Erzählstränge entstehenden Leerstellen bzw. Unbestimmtheitsstellen (Iser), die einen Auslegungsspielraum eröffnen, innerhalb dessen der Rezipient die Bezüge zwischen den einzelnen Textpassagen selbst herzustellen genötigt ist. Herta Müller spricht in ihrer Vorlesung vom „Übereinanderherfallen von Schnitten zwischen den absichtlich schiefgestellten, Rücken an Rücken, oder Kopf an Kopf gezwungenen Sequenzen einer Passage" (T 19f). Was bei ihr jedoch unvermittelt aufeinanderstößt, sind weniger verschiedene – jeweils anderen Figuren zugeordnete – Handlungsstränge, sondern verschiedene Aspekte der Wahrnehmung ein und desselben Vorganges. So schließen sich oftmals an die Beobachtung von Außenwelt unvermittelt die durch diese ausgelösten inneren Reaktionen an. Das Miterleben von Schlachtungsszenen wird so zum Beispiel jedesmal zum Auslöser eigener Todesängste. Die Verbindung zwischen den Außenwelt-Szenen und den Bewußtseinsinhalten werden zwar im Text suggeriert, aber eigentlich erst hergestellt durch den Nachvollzug des Lesers.

Die Wirkung der Texte von Herta Müller basiert geradezu auf deren „Appellstruktur" (Iser), die bei ihr wesentlich politisch motiviert ist. Das angeprangerte diktatorische Regime Ceausescus, das bis in die Mikrostrukturen des Dorf- und Familienlebens bedrückend gegenwärtig ist, wird jedoch gerade in seiner sprachlichen Absenz, in den „Leerstellen" des Textes in einer Weise ‚präsent', daß der Leser – unmittelbar betroffen von der dargestellten Reaktion eines individuellen (kindlichen) Bewußtseins – auf die politisch-soziale Realität rückschließen kann und muß. Mit der in der Kindheitsperspektive gegebenen Wahrnehmungsveränderung, die die normal-vertrauten Sehgewohnheiten außer Kraft setzt, übernimmt auch der Leser eine neuartige Perspektive. Die analytisch-destruktive sich erfindende Wahrnehmung, die sich in der sprachlichen Struktur – der sentenziösen Verknappung sowie der metaphorischen Verdichtung – widerspiegelt, bedingt die spezifische Poetisierung von Welt: die vertraute Wirklichkeit wird derart verfremdet, daß der Abgrund hinter den Dingen sichtbar wird. Dekuvriert wird die Scheinordnung mit ihrer auf Brutalität und Verlogenheit basierenden Moral der Dorfbewohner und der Familie. „Vater war ein Lügner. Alle, die da standen, logen durch ihr Schweigen." (N 56) Das Dorf, als Enklave der deutschen Minderheit Reservat faschistischen Gedankenguts, verdankt seine klaustrophobische Enge sowohl dem äußeren politischen Un-System als auch seinen eigenen festgefahrenen sozialen Infrastrukturen. Es gleicht „einer schwarzen Insel" (N 41) oder einer „riesengroße[n] Kiste aus Zaun und Mauer" (N 87). Gerade in solchen Metaphern wird die oppositionelle Dimension von Herta Müllers Texten deutlich; sie sind damit zugleich Dokumente für die einzige Möglichkeit politischer Dichtung in einem totalitären Staat. Je poetischer die Bilder, desto politischer sind sie. Rückblickend bemerkt Herta Müller zur Entstehung von *Niederungen*: „Es waren Jahre des Frosches, die Jahre in Rumänien" (T 29).[2] Vielleicht, so fährt sie fort, „war in den Jahren des Frosches die Erfindung der Wahrnehmung die einzige Möglichkeit, die Umgebung zu verändern. Sie wurde nicht erträglicher. Sie wurde bedrohlicher. Doch hatte mindestens dieser Zusatz mit mir selber etwas zu tun." (T 29)

Das serapiontische Prinzip, das die durch innere Wahrnehmungskategorien er- und durchschaute Außenwelt zum dichterischen Gegenstand bestimmt und sich damit gegen einen krassen Antagonismus zwischen Realität und Imagination wendet, ist bei Herta Müller zugleich ein politisches Credo. Im poetischen Bild auf die „Eigentlichkeit" (T 11) der Wirklichkeit hinzuweisen, ist – zumindest noch in dem Erzählband *Niederungen* – Teil einer engagierten Literatur, die auf Bewußtseinsveränderung der Leser zielt.

---

[2] Vgl. auch T 20-22: „Der deutsche Frosch aus den Niederungen ist der Versuch, eine Formulierung zu finden, für ein Gefühl – das Gefühl überwacht zu werden. Auf dem Land war der deutsche Frosch, der Aufpasser, der Ethnozentrismus, die öffentliche Meinung. Der deutsche Frosch legitimierte diese Kontrolle des Einzelnen mit einem Vorwand. Der Vorwand hieß: Bewahren der Identität. [...] Der deutsche Frosch war der erste Diktator, den ich kannte. Er schielte schon im Kindergarten und in der Schule aus dem Dorf hinaus. Hatte schon damals die Pupille dem zugewandt, was noch eine Weile abstrakt blieb, was später konkret werden sollte: der totalitäre Staat, die Allgegenwärtigkeit des Geheimdienstes, das ‚sozialistische Bewußtsein', das jeden für sich selbst zum Ungeheuer machte, weil es nirgends im Kopf da war."

Ihre Texte zeigen auf verschlüsselt-metaphorische Weise eine durch und durch unfreie, lieblose, ja menschenunwürdige Welt. Sie sind über Passagen hin anstoßerregend und provokativ. Das Leiden des Kindes, seine Angst entlarvt die gesellschaftlichen Bedingungen, unter denen dies empfunden wird. Mit dem Thematisieren von Angst in eindringlich neuartiger Bildlichkeit – auch hier besteht eine Affinität zur expressionistischen Literatur – wird die Fragwürdigkeit der bestehenden Wahrnehmungs- und Sinngebungsmuster und damit der Grundfeste des gesellschaftlichen Systems artikuliert. Wer über seine Angst spricht, spricht sich zugleich gegen bestehende Ordnungen und Verhältnisse aus. Das primäre Zielpublikum, die deutsche Minderheit Rumäniens, hat diese (politische) Absicht wohl verstanden, aber zurückgewiesen. Herta Müller wurde als intellektueller ‚Nestbeschmutzer' beschimpft. Hierzulande machte sie mit ihrem Debütband (zwei Jahre später) Furore; man bewunderte in ihren Texten die Verbindung präzisierender Beobachtungsgabe und souveräner Sprachbeherrschung, die man bei westdeutschen Autoren immer häufiger bemängelt. Ihr politisches Anliegen war hier von sekundärem Interesse, das ästhetische überwog weitgehend. Doch auch ihre jüngste Publikation, *Reisende auf einem Bein*, die sowohl nach ihrer Übersiedlung in Deutschland geschrieben wurde als auch dieses Land zum Schauplatz hat, macht deutlich, daß der „Finger im Kopf" der Schreibenden sich auch als an den hiesigen Rezipienten appellierender Finger im Text befindet. Mit dem Blick einer Fremden (der gerade aus Rumänien eingereisten Irene) wird eine bundesdeutsche Realität sichtbar, die wir in unseren abgestumpften Sehgewohnheiten so (vielleicht) nicht mehr wahrzunehmen imstande sind – eine von Konsum, Werbung und – vermeintlicher – Freiheit beherrschte Welt, in der wir uns „eigentlich" ebenso fremd und unwohl fühlen müßten wie Irene.

Michael Günther

Froschperspektiven. Über Eigenart und Wirkung erzählter Erinnerung in Herta Müllers „Niederungen"

Die Reaktionen auf Herta Müllers literarisches Debüt, den 1982 in Bukarest und 1984 in Berlin erschienenen Erzählungsband *Niederungen*, weisen eine bemerkenswerte Doppelheit auf, von der ausgehend, Aufschluß über seine Eigenart und die Gründe seiner Faszination zu erwarten ist. Einerseits wird von einem Tabubruch berichtet, den diese Texte im engeren Kreis ihres Schauplatzes, dem Banat, auf den ihre Wirkung zunächst beschränkt blieb, bedeutet haben.[1] Auch Stimmen, die ersten heftigen Reaktionen eine eher abwägende Beurteilung entgegensetzen, kennzeichnen die Erzählungen als den Versuch, dem „selbstgefällige[n] Identitätsbewußtsein"[2] der deutschsprachigen Minderheit den in Wirklichkeit herrschenden „Zerfall der Familienbeziehungen und der dörflichen Gemeinschaft" und „den Leerlauf eines Normen- und Moralgefüges, das seine lebensfähige Substanz verloren hat"[3], entgegenzuhalten, ja bewerten sie als „bewußt vorgenommene Demontage" des „schwäbischen Weltbilds".[4] Damit ist der entlarvende Gestus von „negativen Idyllen"[5] angesprochen. Zum anderen aber werden die sprachlichen Qualitäten des Textes hervorgehoben und zu deren Charakteri-

---

[1] Vgl. dazu weiterführend den Beitrag von Norbert Otto Eke über die Rezeption Herta Müllers in diesem Band.
[2] Dorothea Götz: „Vom Ende einer heilen Welt". Herta Müllers „Niederungen". In: Beiträge zur deutschen Literatur in Rumänien seit 1918. Hg. von Anton Schwob. München 1985. S. 97.
[3] Ebd. S. 98.
[4] Franz Heinz: Kosmos und Banater Provinz. Herta Müller und der unliterarische Streit über ein literarisches Debüt. In: Beiträge zur deutschen Literatur in Rumänien seit 1918 [Anm. 2]. S.105.
[5] P. F. R.: Nachts kommt der Traum durch den Hinterhof ins Bett. Auf der rumäniendeutschen Sprachinsel: Herta Müller bekommt für ihren Erstling „Niederungen" den „aspekte"-Literaturpreis. In: RM, 7.12.1984. S.17.

sierung etwa auf die Lyrik Paul Celans verwiesen.[6] In fast allen Rezensionen erfolgt eine Abwägung zwischen surrealer Traum- bzw. Alptraumhaftigkeit und einer der präzisen Beobachtung dienenden Genauigkeit der Sprache.[7] Von unbestechlicher Beschreibung bis hin zur Anklage auf der einen, der gegenstandsbezogenen Seite, und von sprachlicher Prägnanz bis zu surrealer Sprachverliebtheit auf der anderen, der formalen Seite: dies ist offenbar die Spannweite möglicher Leseeindrücke. Sie weckt Neugier auf die nähere Betrachtung einer solchen Prosa.

Anhand der Titelerzählung des Bandes *Niederungen* soll im folgenden der Frage nachgegangen werden, wie sich aus den einzelnen, zunächst zusammenhanglos erscheinenden Impressionen das eindringliche und komplexe Bild einer überwiegend grausamen ländlichen Kindheit ergibt. Dabei wird die Verbindung von Interesse sein, die zwischen dem Ensemble der Themen und Motive und dem Zusammenhang der sprachlichen Formen ihrer Darbietung besteht.

Gleich zu Beginn der Erzählung lassen sich drei wichtige Darstellungsmittel unterscheiden, an denen deutlich wird, auf welche Art der Text dem Leser seine Gegenstände präsentiert. Zunächst beherrscht die Form einer benennenden, deiktisch verfahrenden Aufzählung das Bild:

> Die lila Blüten neben den Zäunen, das Ringelgras mit seiner grünen Frucht zwischen den Milchzähnen der Kinder.
> Der Großvater, der sagte, vom Ringelgras wird man dumm, das darf man nicht essen. Und du willst doch nicht dumm werden.
> Der Käfer, der mir ins Ohr kroch. Großvater schüttete mir Spiritus ins Ohr, damit der Käfer nicht in den Kopf kriecht. Ich weinte. (N 17)

Ein scheinbar wahlloses Sammeln von Kindheitseindrücken, die Vergegenwärtigung vergangener Realität macht hier den Anfang. Die Wendung „zwischen den Milchzähnen der Kinder" scheint dem deiktischen Gestus

---

[6] Franz Heinz [Anm. 4]. S. 111; sowie Rolf Michaelis: Angst vor Freude. Herta Müllers fünfzehn Prosastücke „Niederungen". In: Die Zeit, 24.8.1984. S. 35.
[7] So dezidiert und mit dieser Begrifflichkeit in Michaelis [Anm. 6].

eine objektivierende Distanz zu verleihen. Doch im dritten Absatz wird klar, worauf dieses Benennen sich eigentlich richtet: „In meinem Kopf summte es und wurde es heiß. Der ganze Hof drehte sich, und Großvater stand riesengroß mittendrin und drehte sich mit." (N 17) Die Realität, auf die der Text in seinen einzelnen Bildern zielt, ist die Realität des Bewußtseins und der Wahrnehmungen des Erzähler-Ichs. Die Objektivität und Präzision, um die er sich bemüht, bezieht sich nicht auf intersubjektive Verbürgtheit, sondern auf die buchstäbliche Erinnerung einer vergangenen Wahrnehmungs- und Lebenswelt, möglichst unverfälscht vom zensierenden Realitätsbewußtsein des Erwachsenen und seinen Kommentierungen.

Mit dem Bezug auf das Erzählerbewußtsein hängt gleichzeitig eine zweite Eigenart des Textes und seiner Sprache zusammen. In dem Bemühen, ein inwendiges Erinnerungsbild zu treffen, kann diese sich, ohne den Eindruck von Genauigkeit zu verwischen, einer reichen Bildlichkeit bedienen: „[...] die Tintentrauben kochen unter ihrer hauchdünnen Haut in der Sonne." Mühelos verbindet sich dieses Bild mit den folgenden Sätzen zu einer nicht allein auf Optisches beschränkten Einfühlung in die Wahrnehmungswelt des Kindes an einem heißen Sommernachmittag.

> Der lange Gang mit dem wilden Wein, die Tintentrauben kochen unter ihrer hauchdünnen Haut in der Sonne. Ich backe Sandkuchen, ich zerreibe Ziegelsteine zu rotem Paprika, ich schürfe mir die Haut an den Handgelenken ab. Es brennt bis in die Knochen. (N 17)

Aber der Text beschränkt sich nicht auf die Aufzählung subtiler Erinnerungspartikel. Es tritt ein drittes Element hinzu, denn in unterschiedlichem Grad und auf verschiedene Weise sind die einzelnen Steine des Wahrnehmungsmosaiks untereinander organisiert. Hier am Anfang etwa sind sie verklammert durch die dreifache und mit annähernd den gleichen Worten vorgetragene Intervention des Großvaters, mit der er die freiwillige bzw. unfreiwillige, aber offenbar geduldete Berührung von Körper und umgebender Natur beim Kind durch die Androhung des Dumm- bzw. Stummwerdens unterbindet. Das Aneinanderreihen der Erinnerungsbilder geschieht also nicht wahllos. Scheinbar distanziert, verbinden sie sich durch die Art ihrer Abfolge in der Vorstellung des Lesers zu einem Thema, zu einer mal mehr, mal weniger deutlichen Tendenz.

So machen die ersten Absätze des Textes nicht nur mit der besonderen Art des Realitätsgehalts der Sätze bekannt, sondern auch mit einem seiner wichtigsten Gegenstände: der Natur und dem Verhältnis, in welchem das Erzähler-Ich und die übrigen Figuren zu ihr stehen. Pflanzen, Tiere, das Wetter sind in allen beschriebenen Erfahrungen des Kindes mindestens mitpräsent. Dabei hat Natur so gut wie nie idyllische Züge, ist ein Zustand der Harmonie mit ihr in weiter Ferne.

Das dreimalige Eingreifen des Großvaters scheint ein solches Naturverhältnis gleich in diesen ersten Szenen in entscheidender Weise zu präfigurieren. Denn hier sind es gerade noch die spontanen Berührungen mit Natur, ein teilweises Aufheben der Grenzen zwischen ihr und dem eigenen Körper, sei es gewollt (das in den Mund nehmende Einverleiben) oder verwundert hingenommen (der Käfer, der ins Ohr kriecht), das ein für allemal als Gefährdung gekennzeichnet und unter Verbot gestellt werden soll. Das umgekehrte Überschreiten der Grenzen allerdings wird vom Großvater zum Teil geduldet, wenn also Kohlweißlinge in kindertypischem Forschungsdrang aufgespießt werden oder der langsame Wassertod der Fliegen in der Waschschüssel beobachtet wird: „Großvater ließ uns spielen." (N 19) Nur die als Puppen mißbrauchten Katzenjungen werden von ihm befreit und „die Schwalben muß man leben lassen, es sind nützliche Tiere" (N 19). Was hier durch den Großvater eingeübt wird, ist das System der Verhaltensregeln, das die Erwachsenen sich für den Umgang mit der Natur zurechtgelegt haben oder in das sie wohl selbst auf ähnliche Weise hineingewachsen sind. Es ist an den Kategorien von Gefahr bzw. Schaden und Nutzen orientiert.

Die Wirkung im Bewußtsein des Kindes ist ablesbar an einer Tendenz in den weiteren Erfahrungen mit Natur: fortan ist sie eher etwas, das im Gegensatz steht zu körperlicher Integrität und diese bedroht. Die Sonnenblume hat „innen weißes, schwammiges Mark, das an den Händen juckte" (N 21), Gänse und Hunde begegnen dem Kind bedrohlich. (N 49) Man braucht den Nachtfalter nur anzufassen, und schon gibt er seine braune Farbe an die Finger ab, und wenn man ihn, getrennt durch den Schuh, den man trägt, erlösen will, greift die Erfahrung von Desorganisation in Form von Ekel auf einen über:

> Es platzte ein samtiger praller Bauch und verspritzte eine weiße Milch auf den Fußboden. Dann kroch der Ekel aus meinen Schuhen an mir hoch und legte seine Schnüre um meine Kehle, und seine Hände waren dürr und kalt wie die Hände der Alten, die ich in den Betten und Deckeln sah, vor denen man schweigend saß und betete. (N 26)

Die Assoziation dieses Ekels mit Tod wird dabei hier nicht nur durch das faktisch getötete Tier hervorgerufen, sondern bezieht ihre Macht ganz allgemein aus der Erfahrung einer Natur, die die Grenzen zwischen den Dingen unterminiert. Aus dem weiteren Umkreis dieser Stelle geht hervor, wie Natur in der Welt des Dorfes dem kindlichen Bewußtsein begegnet und wie aus einer solchen losen Folge von Einzeleindrücken für den Leser ein Bild des dörflichen Lebenszusammenhangs entsteht.

Es beginnt mit der Erkrankung der Obstbäume. Alliterationsreich und in dichter Sinnlichkeit der Sprache wird beschrieben, wie die Integrität der Bäume und ihrer Blätter in den Augen des Kindes gleich dreifach zerstört wird. Zum einen geschieht dies durch den unsichtbaren und dadurch heimtückisch wirkenden Pilz selbst: „Die Blattschrumpfungen fliegen durch die Luft wie unsichtbare Pilze." (N 23) Aber auch die „Männer im Dorf", die diesen Übergriff einer zerstörerischen Natur abwehren wollen, tragen ihr Teil zur Zerstörung jedenfalls der Blätter bei durch „ihre leuchtendgrünen giftigen Spritzmittel, die Bläschen auf den Blättern bilden und den Nerv verbrennen. Die Blätter bleiben rauh und löcherig wie Siebe zurück." (N 23f.) Zuletzt füllt wiederum Natur selbst die Lücken: „Und an die zerschundenen Ränder binden die Spinnen ihre weißen Speichelnetze an." (N 24) Damit verläßt der Text das Bild der kranken Obstbaumblätter und wechselt nach einer Reihe einzelner, scheinbar unverbundener Beobachtungen zu den grasenden Kühen über. Doch der Bildwechsel folgt hier, wie häufig im Text, einer genauen assoziativen Logik. An dieser Stelle bezieht sie sich auf ein unentwegtes wechselseitiges Durchdringen in der Natur (das Zitat schließt direkt an das vorige an):

> Der Schlamm von Algen grün verfärbt.
> Fliegen surren den Gänsen durch das fettige Gefieder.
> Wenn der Regen, der im Sommer das Holz verfaulen läßt, die Erde aufweicht, sieht man, wie tief die Wege sind und wie ausgewaschen die Erde ist.
> Die Kühe tragen dann große unförmige Schuhe aus Schlamm durch die Häusertore. Man riecht das Gras in ihren Bäuchen. Die Grasknollen, die ihnen nach dem ersten Kauen in der Gurgel wieder hochkommen, tun mir selber in der Brust weh. Die Kühe kauen abwesend, und ihre Augen sind trunken von so viel Weide. Jeden Abend kommen sie mit diesen trunkenen Augen ins Dorf zurück. (N 24)

Dieses Aneinanderhaften der Substanzen geht für das kindliche Bewußtsein auch auf die Kühe über: der Schlamm an ihren Hufen, die Grasknollen in ihren Bäuchen und, auf einer nicht mehr materiellen Ebene, die Eintönigkeit des Weidens in ihrem Bewußtsein. Daß sie den Schlamm durch die Häusertore tragen, weist darauf hin, daß auch die menschliche Ordnungswelt nur existiert, wenn sie solcher Natur immer wieder abgerungen wird. Zudem beziehen diese Wahrnehmungen ihre Eindringlichkeit auch daraus, daß sie hier nicht auf der Grundlage distanzierter Beobachtung gemacht werden. Am Beispiel des Wiederkäuens, das dem Kind in der eigenen Brust wehtut, wird deutlich, daß es sich mit diesen Vorgängen identifiziert, sie einfühlend miterlebt. Wenn es daraufhin zu einem physischen und feindseligen Zusammenstoß mit der Kuh kommt, ist die „Angst, daß durch diese offenen Knie der Tod in mich hineinfindet" (N 24), ein Ausdruck für die Furcht um die eigenen Grenzen und vor deren Auflösung. Das Inverbindungtreten mit dieser Sphäre des Austausches wird mit dem Tod assoziiert.[8]

Der Text variiert das Thema der Körpergrenzen noch weiter. So ist es nur konsequent, daß der Gedanke der Rache für diesen Angriff der Kuh verbunden ist mit der Vorstellung, „ihr bis zu den Ellbogen unter die Haut

---

[8] Dies bestätigt sich an einer späteren Stelle noch einmal umgekehrt in den Vorstellungen, die in der Erzählerin durch den Wunsch aufkommen, tot zu sein: „Die wilden Grasblumen krochen mir unter die Haut. Ich ging an den Fluß und goß mir Wasser über die Arme. Es wuchsen hohe Stauden aus meiner Haut. Ich war eine schöne sumpfige Landschaft." (N 78)

[zu] greifen" (N 24), also mit einem Angriff auf ihre Körpergrenzen Gleiches mit Gleichem zu vergelten. Das anschließende Waschen aber führt zu dem Erlebnis eines gegenteiligen, positiv konnotierten Gefühls:

> Als die Haut trocken war, spannte sie sich, und sie hatte etwas Glasiges an sich. Ich fühlte am ganzen Körper, wie ich schön wurde, und ich schritt vorsichtig aus, um nicht zu zerbrechen. Die Grashalme fächerten geschmeidig, wie von meinem Gang, und ich hatte Angst, sie würden mich zerschneiden. (N 25)

Die sich um den Körper spannende Haut schafft ein Ichgefühl und wird als Schönheit erlebt. Darin und im Gefühlswert ‚glasig' tritt ein deutlicher Gegensatz zu Natur hervor. Der Zustand wird im positiven Sinne als künstlich und als exzeptionell erlebt und damit allerdings auch als zerbrechlich.

Es folgt nun nochmals einer jener Übergänge zu einem neuen Bild, das aber doch eine untergründige Beziehung zu den vorigen herstellt. Über die äußerlich scheinende Assoziation von Großmutters gestärkter Bettwäsche wird die nächtliche Angst vor dem Mann, der sein „Skelett dem Museum verkauft" (N 25) hat, aufgerufen. Dieser macht nicht Angst, weil er nach Art des Sensenmannes als direkter Repräsentant des Todes figurieren würde, sondern weil er dadurch, daß er seinen Lebensunterhalt an das gewisse Faktum seines bevorstehenden Todes geknüpft hat, viel genauer noch das vertritt, was auf andere Weise auch dem Kind täglich Angst einflößt: das Leben angesichts der immer mitpräsenten Möglichkeit von Auflösung.

Darüber hinaus wird anhand dieser Passage nochmals deutlich: obwohl hier im Rückblick erzählt wird und nicht etwa ein fiktiver kindlicher Erzähler auftritt, enthält sich der Text weitgehend einer rückblickenden Einmischung erwachsener Kausalitätsbegriffe. Sätze wie: „Ich fühlte am ganzen Körper, wie ich schön wurde" oder: „Dieser Mann war nächtelang bei mir im Zimmer" (N 25) sowie die assoziativen Übergänge von Bild zu Bild zeigen, daß die ernstgenommene Logik des kindlichen Gefühlsqualitäten den Zusammenhang des Erzählten konstituiert und nicht die zeitliche und logische Struktur des Erwachsenenbewußtseins. Nur ganz behutsam und die Herstellung der Verbindungen mehr dem Leser überlassend, wird danach auf die Nachtfalter übergeleitet, die die Auslöser der nächtlichen Ängste waren: „Am Morgen saßen bloß braune staubige Nachtfalter, die abends an den Lampenschirm schlugen, an der Zimmerdecke." (N 25f.)[9]

Die Erinnerung an die Nachtfalter endet, wie bereits ausgeführt, wiederum mit der Assoziation des Todes. In den folgenden Abschnitten weitet sich der Blick auf die übrigen Dorfbewohner und ihren abergläubischen und rituellen Umgang mit dem Tod. Er wird außerdem den nüchternen und grausamen Todesarten gegenübergestellt, die die Erzählerin in ihrem späteren Lebensraum, der Stadt, erfahren muß und die sie zurückdenken läßt an die relativ festen Gefühls- und Verhaltensstrukturen der Dorfwelt. Aber auch hier wieder wird deutlich, daß die Erzählung eine Stellungnahme eher zu vermeiden sucht:

> Ich schaute wie aus einer Schlucht an den Wohnblocks hinauf und sagte vor mich hin, daß die Leute bei mir zu Hause nicht auf der Straße liegen, sondern in Betten mit Deckeln, vor denen man sitzt und betet. Und man hält sie noch lange im Haus, die Toten. Erst wenn ihre Ohren an den Rändern grünlich werden vor Verwesung, hört man mit dem Weinen auf und trägt sie aus dem Dorf hinaus.
> Und man sagt, daß der Letztgestorbene so lange den Friedhof hüte, bis ein nächster stirbt. (N 27f.)

Die Beobachtungen der Erzählerin weichen vor der Unfaßbarkeit von Tod und Verwesung nicht aus in Diskretion. Auch angesichts der in der Stadt gemachten Erfahrungen verwandeln sich die dörflichen Riten in ihrer Vorstellung nicht zu einem positiven Fluchtraum. Ihrem unbestechlichen Blick bieten die Konventionen keinen Schutz vor der Angst, er muß sie entlarven als hilflose Konstruktionen.

---

[9] Diese Beschränkung der Erzählerperspektive auf die kindliche Erlebniswelt wird allerdings an einigen wenigen Stellen des Textes durchbrochen. So etwa in dem Abschnitt über die Vorbereitung und das schließliche Praktizieren der Totenklage durch die „Mütter" und „Töchter". (N 60-62) Sätze wie die folgenden weisen deutlich darauf hin: „Ihre Töchter haben die Tracht nur scheinbar überwunden. In ihren Bewegungen rollen sich die Stoffballen der schwäbischen Kleider auf, und ihre Körper wirken trotz der Dürre so, als paßten sie nicht in die Kleider, als befänden sie sich außerhalb der Nähte. Ihre Gehirne aber sind damit angezogen." (N 61)

Dieser Blick präsentiert anhand mannigfaltiger, assoziativ verknüpfter Detailbeobachtungen und kleiner Geschichten das Bild eines dörflichen Lebenszusammenhangs, in dem Natur (in enger Verbindung mit dem Tod) auch für die Erwachsenen überwiegend unter dem Aspekt ihrer Unberechenbarkeit und Bedrohlichkeit erlebt wird und der der Bezirk des eigenen Lebens oder Überlebens unter Anstrengungen abgerungen werden muß. Es gibt den „verfluchte[n] Pilz aus dem Wald" (N 23), und die Gefahr in Gestalt von Schlangen etwa lauert in der Wiese hinter den Scheunen oder im Fluß. (N 37 und 80) Besonders deutlich kommt die Abhängigkeit der Menschen von einer launischen Natur in der Erzählung der Großmutter von einem feuchten Sommer zum Ausdruck, in dem es ebenfalls viele Schlangen gab und die Vegetation den Menschen die Nahrungsquellen zu verweigern drohte (N 38-41).

In Entgegnung dieser Bedrohlichkeit bewegen sich die Erwachsenen in einem System von Verhaltensregeln, das der Ökonomie einer begrenzten Zweckrationalität gehorcht. In diesem System, zu dem sich ihr Weltbezug verselbständigt hat, begegnen ihnen die Dinge nicht in einer relativen Unmittelbarkeit, sondern einzig im Hinblick auf ihre Wirkung oder ihren Nutzen. Das Kalb etwa wird mit Kleie bestreut, bevor die Kuh es trockenleckt, und damit werden einem natürlichen Vorgang von großer Intimität vom Menschen gesetzte Zwecke untergeschoben. (N 43) An anderer Stelle verrichten die Reste eines einstigen Kinderkleides noch einen Dienst als Fußlappen in den Stiefeln des Vaters. Gerade der letzte Fall macht deutlich, daß der Wert von Individualität und einer ihr zugehörigen, nicht an Zwecke gebundenen Gefühlswelt in diesen Zusammenhängen nicht sehr hoch angesetzt wird, denn ohne daß es eines Erzählerkommentars bedarf, teilt sich der Kontrast zwischen den negativ konnotierten Fußlappen und einem ehemals geliebten Kleid („Ich hatte das Kleid zu Ostern bekommen und war sehr stolz darauf gewesen." [N 44]) dem Leser mit.

Der Text geht dabei an einigen Stellen, vor allem in seiner zweiten Hälfte, über die genaue, durch Bildlichkeit nur unterstützte Registrierung solcher Erlebnisse deutlich hinaus. Er leitet über zu einer Sphäre der sprachlichen und bildlichen Stilisierung. Die Erfahrung der Unberechenbarkeit der Natur etwa verdichtet sich am Schluß zum Bild der wandernden Himbeeren. (N 92f.) Das Bedürfnis nach einer der ständigen Verschmutzung durch die sich einnistende Natur (Spinnen und Spatzen) entgegentretenden Reinlichkeit der häuslichen Sphäre wird versinnbildlicht durch die mit dem Stilmittel der Übertreibung arbeitende Schilderung der Besen der Mutter. (N 72f.) Und das auf das ganze Dorf sich beziehende Bedürfnis, der herandrängenden Natur und dem Verfall Einhalt zu bieten, kommt in der Vorliebe des Großvaters für Hammer und Nägel zum Ausdruck; ein Beispiel für den Übergang von genauen Beobachtungen hin zu einer eigenständigen Metapher für das Leben im Dorf:

> Großvater kommt aus dem Hinterhof und hat Dreck und Gras an den Schuhen kleben. In seinen Rocktaschen rasseln die Nägel.
> Großvater hat alle Kleider voller Nägel, selbst die Taschen seiner Sonntagskleider stecken mit Nägeln voll. [...]
> Wenn Großvater hämmert, hört man zwei Töne auf einmal, einen von dem Hammer und einen aus dem Dorf. Der ganze Hof mit seinem steinharten Boden widerhallt. Den Kamillen fallen die feinen weißen Zähne aus. Ich fühle, wie schwer der Hof mir auf den Zehen liegt, der Hof lastet mir auf den Füßen, der Hof schlägt mir beim Gehen in die Knie. Der Hof ist hart und groß und wild verwachsen. Ich rede, so laut ich nur kann, und das Hämmern reißt mir die Sätze vom Gesicht. [...]
> Manchmal ist das Dorf eine riesengroße Kiste aus Zaun und Mauer.
> Großvater klopft seine Nägel hinein. (N 87)

An dieser Stelle, die die Eigenart des kindlichen Blicks in seinem ganzen Spektrum veranschaulicht, wird erkennbar, wie die eingangs erwähnte Spannweite möglicher Leseeindrücke in einer Beschaffenheit des Textes und seiner Perspektivierung gründet. Es beginnt mit der genauen Registrierung einzelner Wahrnehmungen, die aus dem Zweckzusammenhang, innerhalb dessen sie von den Erwachsenen verursacht werden, herausgelöst sind. Aber diese Wahrnehmungen behalten nicht ihre anfängliche Distanz, sie gehen über auf das Kind, werden zu handfesten, körperlichen Wirkungen, und in einem dritten Schritt wird dieser Komplex zusammengefaßt zu einem Bild.[10]

Dabei unterliegt dieser Blick der Dialektik zwischen einer Distanz im Sinne von Unbeteiligtsein und einer Nähe im Sinne von Betroffenheit. Einerseits bezieht er seine Genauigkeit aus der Tatsache, daß er die Verhältnisse des Dorfes wie von außen sieht. Eine Teilnahme am Wahrnehmungs- und Verhaltenskodex der Erwachsenen, eine diesem gemäße Instrumentalisierung des Umgangs mit den Dingen gelingt dem Kind nicht:

> Ich öffnete die Küchentür, zitterte noch eine Weile, und Mutter fragte, ob es kalt sei draußen, ob es wieder kalt sei draußen. Sie betonte das Wort wieder, und ich dachte mir, daß es kalt ist draußen, aber nicht wieder kalt, weil es jeden Tag eine andere Kälte ist, immer eine andere Kälte, täglich eine neue Kälte voller Rauhreif. Aber es war nicht kalt, es war nur feucht. Wieder hast du dich gefürchtet, sagte sie. (N 65f.)

Die Differenz, um die es in dieser Stelle geht, betrifft ein Detail, aber es macht schlaglichtartig die Verschiedenheit der jeweiligen Weltbezüge deutlich. Für das Kind ist jeder noch so unscheinbare Eindruck neu und eindringlich. Das ‚wieder' der Mutter reduziert diese subtilen Differenzen auf ein Weltverhältnis, das sich von vornherein im Gegensatz zur Natur weiß und für das Kälte nicht mehr ist als ein Parameter im System der täglichen Handlungen (wie Bekleidung oder Beheizung etc.). Der letzte Satz der Mutter nennt den Preis für das Abseitsstehen von diesem Ordnungssystem: Furcht. Damit ist schon gesagt, daß der Blick von außen nur die eine Seite der kindlichen Wahrnehmung ist. Gerade weil es diese Teilhabe am Weltbezug der Erwachsenen für die Erzählerin nicht gibt, ist es andererseits

---

[10] Eine ähnliche Schichtung der erzählerischen Mittel analysiert auch Dorothea Götz [Anm. 2], S. 100: „Die chirurgische Genauigkeit der Beschreibung paart die Autorin mit intensiven Gefühlserlebnissen, so daß die realistischen Röntgenaufnahmen von der Umwelt durch die Gefühlswelt des Kindes zu phantastischen und oft grotesken Bildern ausgeweitet werden." Es handelt sich dabei jedoch nicht um eine willkürliche Mixtur von Stilmerkmalen, vielmehr ergibt sich diese Struktur, wie im folgenden deutlich werden wird, konsequent aus der Perspektive des Textes.

nicht allein der ethnographische Blick einer distanzierten Beobachterposition, der ihre Beschreibungen der Dinge und Ereignisse bestimmt, sondern häufig auch ein bis zum Physischen gehendes, unmittelbares Betroffensein durch sie, dem sich die Erwachsenen ja gerade nicht aussetzen: „Ich fühle, wie schwer der Hof mir auf den Zehen liegt, der Hof lastet mir auf den Füßen, der Hof schlägt mir beim Gehen in die Knie." (N 87)

Dies widerspricht der Genauigkeit der Beobachtung nur scheinbar, denn die Gegenstandsebene des Textes ist nicht die Realität des Dorfes (was immer das auch sein mag), sondern die Wahrnehmungswelt der Erzählerin. In ihr ist zweierlei von vornherein ungeschieden: zum einen das genaue Hinsehen etwa auf die Details der Tötung von Tieren, wovor die Erwachsenen durch die Art ihres Weltbezugs geschützt sind, und zum anderen die Wirkungen all dieser Wahrnehmungen. Zwischen innen und außen gibt es keinen Unterschied. Die Erzählung der Großmutter z.B. läßt die Schlangen wirklich werden: „Sie kriechen aus dem Sattel ihrer Bluse, aus ihren Stimmbändern, aus einem Gespräch, das wie immer mit ‚früher' beginnt." (N 38) Das Messer, mit dem das Schwein geschlachtet wird, ist auch spürbar an der eigenen Kehle (N 31). Und die Resolutheit, mit der die Mutter die Spatzenjungen aus den Dachrinnen fegt, ist wahrnehmbar auch in ihren Fußsohlen, und von dort geht sie auf die Beobachterin über:

> Mutter steht noch immer auf der langen Leiter. Die Sprossen drücken ihre Fußsohlen breit. Mutter steht mit den Fußsohlen über mir. Sie zerquetscht mir das Gesicht. Mutter stellt sich auf meine Augen und drückt sie ein. Mutter tritt mir die Pupillen ins Weiße der Augen. (N 75)

Auch die Ebene einer sich verselbständigenden Bildlichkeit, der sich der Text an einzelnen Stellen bedient, steht nicht im Widerspruch zur präzisen Beobachtung der übrigen Stellen. Es sind vielmehr diese Wirkungen, die auf eine solche Weise (wie im Bild des Dorfes als einer Kiste) metaphorisch gebündelt werden.

Aus der engen Verbindung von Beobachtung und Betroffenheit entsteht die Eindringlichkeit der einzelnen Szenen, zumal derjenigen, in denen Haustiere geschlachtet werden. Aus diesen Situationen ergibt sich dann auch das (seltene) Aufbegehren des Kindes. Womit man sich bei seiner Tötung identifiziert hat, das kann man nicht essen. (N 36f.) Die Ohrfeige, die die Erzählerin auf die Frage erhält, ob nicht auch die Mutter traurig wäre, wenn man ihr Kind schlachten würde (N 59), ist dabei nicht nur die Reaktion auf eine Beleidigung, sondern auch der Versuch, das Kind und seine Empfindungen endlich zuzurichten auf das an der Zweckrationalität orientierte Verhaltensgefüge der Erwachsenen, das gegen die Übergriffe der Natur und gegen die Unfaßbarkeit des Todes aufgerichtet ist.

Wenn die Erwachsenen sich mit diesen Konventionen vor einem unmittelbaren Bezug zu Natur und Tod bewahren, so offenbart der gleichzeitig distanzierte und betroffene Blick der Erzählerin aber auch, daß sie andererseits diesem System um den Preis ihres eigenen Glücks vollständig ausgeliefert sind. Ihre Hände sind hart und rissig vom Arbeiten (N20f. und 38), und Gesten der Zärtlichkeit sind mit ihnen kaum denkbar. Nicht nur die unmittelbaren Bezüge zur andrängenden Außenwelt unterliegen nämlich der Kontrolle, sondern auch diejenigen zum eigenen Körper und seinen Bedürfnissen: „Man muß bloß nackt in den Spiegel schauen oder beim Strümpfehochrollen daran denken, daß man seine Haut berührt. In Kleidern ist man ein Mensch, und ohne Kleider ist man keiner. Die ganze große Fläche Haut." (N 60) Einen Schritt außerhalb des Nützlichkeitsgebots zu tun, scheint nicht möglich, „an keinem einzigen Morgen vertauschten Vater und Großvater ihre Kleider." (N 65) Die Welten des Arbeitens und des Spielens sind unwiderruflich getrennt, und die letztere ist den Erwachsenen verwehrt. („Weshalb nennt man alles, was Mütter tun, Arbeiten, und alles, was Kinder tun, Spielen?" [N 46]) Am sinnfälligsten wird dieser Sachverhalt gerade dort, wo es zunächst eine Ausnahme von dieser Regel zu geben scheint, im Spiel mit den Haaren des Vaters, wenn der einmal nicht betrunken nach Hause kommt. Dieses scheinbare Idyll scheitert, wenn eine ganz bestimmte Grenze überschritten wird, das Kind darf dem Vater nicht ins Gesicht greifen. Sein Kommentar: „Das ist mein Tod." (N 67) Mit der Konnotation Tod spricht er unbewußt das aus, was er daran fürchtet: die Auflösung seiner starren Ichgrenzen. Das Gesicht, ein verletzlicher Ort, Sitz von Individualität und deshalb ein Ort, dessen Berührung Unmittelbarkeit von einem Ich zu einem Du sowohl erzeugt als auch erfordert, das Gesicht darf nicht berührt werden, weil dem Vater, den Erwachsenen solche Unmittelbarkeit nicht möglich ist. Dies spürt auch die Erzählerin, wenn sie ihre Verletztheit mit den Worten beschreibt: „ich [...] wußte in diesem Augenblick, daß ich keine Eltern hatte". (N 66f.)

Solche Szenen erzeugen natürlich gerade dadurch, daß sie nicht kommentierend und im Überblick erzählend dargeboten werden, sondern versuchen, konsequent aus der Sicht des Kindes Bild an Bild und Empfindung an Empfindung zu reihen, beim Leser Mitgefühl und Parteinahme, aber es wäre zu einfach, daraufhin den Text als eine an die Eltern gerichtete Anklage zu lesen, auch wenn die Klage in Sätzen wie diesem gipfelt:

> [...] wir sind eine glückliche Familie, verdammt nochmal, das Glück verdampft im Rübentopf, verdammt nochmal, der Dampf beißt uns von Zeit zu Zeit die Köpfe ab, das Glück beißt uns von Zeit zu Zeit die Köpfe ab, verdammt nochmal, das Glück frißt uns das Leben. (N 86)

Es fällt trotzdem schwer, im Text eine individuelle Schuld auszumachen. Einzelne, wie offene Kritik anmutende Stellen bekommen bei einem Blick auf das Ganze der Erzählung häufig eine andere Wertigkeit. Wenn etwa die Hände der Mutter beschrieben werden und es heißt: „Nur beim Geldzählen sind sie glatt und gelenkig wie Spinnen, wenn sie einen Faden weben" (N 20), wirkt das auf den ersten Blick wie die Beschreibung von Habgier. Im Gesamtzusammenhang des Textes aber, der zeigt, wie die Menschen mit der Natur um ihre Lebensgrundlagen ringen (oder meinen, dies auf diese Weise tun zu müssen), wird das Geldzählen der Mutter eher zum Inbegriff dieses Überlebenskampfes. Ferner erfährt man trotz der meist konsequenten Beschränkung der Perspektive auf das Bewußtsein des Kindes aus den Erzählungen von Mutter und Großmutter auch etwas von den Hintergründen, von der Generationen zurückreichenden Genese des gegenwärtigen konkreten Leids. So berichtet die Großmutter von der brutalen Praxis ihrer Eltern, die kleineren Kinder während des Tages mit Mohn oder Krähenmist einzuschläfern, wenn die Erwachsenen hinaus aufs Feld und zur Ernte gingen (N 84), und die Mutter erinnert sich, wie ihr die Weigerung, ihren Mann zu heiraten, unmöglich erschien:

> Als wir zu Hause ankamen, hatten die Frauen im Dorf
> schon ganze Körbe voll Kuchen gebacken, und Männer
> hatten schon ein junges schönes Rind geschlachtet. [...]
> Ich wollte damals sagen, ich will nicht heiraten, aber
> ich sah das geschlachtete Rind, und Großvater hätte mich
> umgebracht. (N 20)

Auch die Generationen der Eltern und Großeltern mußten demnach bereits erfahren und hinnehmen, wie die Bedürfnisse der Individuen der Ökonomie der Dorfgemeinschaft untergeordnet werden, und blind von ihrem eigenen Weinen, sind sie offenbar nicht in der Lage, die Wiederholung des Leidens an ihren Kindern zu bemerken oder gar zu verhindern. Der Text legt so die Mechanik des Unglücks offen, die alle Beteiligten beherrscht, und er zeigt ihr Einwirken auf das Leben der Erzählerin. Erst ganz am Schluß wird diese Unglücksmechanik außerdem als eine des Deutschtums im fremden Land identifiziert:

> Die Frösche quakten aus den schwarzen Lungen meines
> toten Vaters, aus der starren Luftröhre meines röchelnden
> Großvaters, aus den verkalkten Adern meiner Großmutter.
> Die Frösche quakten aus allen Lebenden und Toten dieses
> Dorfes.
> Jeder hat bei der Einwanderung einen Frosch mitge-
> bracht. Seitdem es sie gibt, loben sie sich, daß sie Deut-
> sche sind, und reden über ihre Frösche nie, und glauben,
> daß es das, wovon zu reden man sich weigert, auch nicht
> gibt.[...]
> Auch Mutter hatte aus Rußland einen Frosch mitge-
> bracht.
> Und ich hörte Mutters deutschen Frosch bis hinter
> meinen Schlaf. (N 94)

In dieser bedrückenden Metapher ist zusammengefaßt, wie in Besitz genommen von der Mechanik ihres Lebens und Leidens die Leiber und Seelen der Menschen sind. Das Festhalten an der eigenen kulturellen Identität in der Fremde kommt hier nur erschwerend zu den übrigen Verkrampfungen hinzu, gibt allem ein noch erdrückenderes Gewicht. Der Frosch ist zu allem anderen ein deutscher Frosch. Der letzte Satz der Erzählung zeigt, wie er auch vom Bewußtsein der Erzählerin noch Besitz ergreift.

Die Frage, ob der Text Anklage und Kritik verkörpert oder enthält, kann angesichts dieser Schlußpassagen noch einmal genauer formuliert werden: wird in ihm nur eine präzise Beobachtung des Faktischen und, in diesen letzten, alles zusammenfassenden Bildern, eine Ontologisierung des Leids verfolgt, oder ist er Parteinahme und Aufbegehren gegen eine Welt der selbstverschuldeten Versteinerung der Verhältnisse? Auf der Ebene einer Produktionsästhetik gilt vielleicht in abgewandelter und umgekehrter Form, was im Laufe der Erzählung einmal von den Sätzen der Mutter gesagt wird: „Mutter bringt im Weinen lange Sätze zustande, die nicht mehr abreißen wollen, und wenn sie mich nichts angingen, wären sie schön." (N 86) Seine Poetizität bezieht der Text aus dem Versuch, erfahrenes Leid in „schöne" Sätze zu verwandeln und damit eine lebensnotwendige Distanz zu diesen Erfahrungen zu erzeugen oder mindestens zu fingieren. Mit dem über weite Strecken gelungenen Versuch, sprachlich zur Sphäre der Wahrnehmungen und Gefühle jenseits des erwachsenen Urteilens vorzustoßen, macht er sich ideologisch unbrauchbar gegen jede argumentative Bezugnahme auf die „Realität" des Schauplatzes, des schwäbischen Banats.[11]

Der genaue Blick auf die Wahrheit des subjektiven Leids, der Rückzug „in die Naivität der Ohnmächtigen"[12] läßt sich umgekehrt aber auch nicht zu einem subjektiven Relativismus verdünnen. Die besondere Eigenart und

---

[11] Dies gilt gleichermaßen für Heinz [Anm. 4], der dem Buch zwar gegen Ende seines Aufsatzes auf einer rein literarischen Ebene Gerechtigkeit widerfahren lassen will, zuvor aber über weite Strecken selbst die Frage nach seiner Berechtigung und Authentizität zu beantworten versucht, wie auch für Friedrich Christian Delius, der es am Schluß seiner ansonsten sehr differenzierten Rezension als „ideales Geschenk für alle berufsmäßigen Heimatvertriebenen" empfiehlt. (Jeden Monat einen neuen Besen. In: Der Spiegel, 30.7.1984. S. 123.)

[12] So Rudolf Herbert: Die Einsamkeit der Sätze. In: NL, 4/1983. S. 72: „Die Autorin scheint nie mehr als ihre Worte zu wissen. Sie enthält sich beschönigend wirkender Erklärungen, zieht sich in die Naivität der Ohnmächtigen zurück, eine Haltung, die gnadenloser ist als das Urteil eines Verständigen, dem das Verstehen Aufgabe ist. Die so erzielte Distanz zum Gestalteten ist erstes Mittel der Enthüllung [...]."

Qualität dieser Prosa besteht vielmehr darin, daß gerade die sich eines Urteils enthaltende Kunst der Beschreibung durch ihre konsequente Vermittlung mit der Ebene des Erzählerbewußtseins dem sprachlichen Formenspiel immer auch einen Bezug zur sozialen Realität sichert. Für die Seite der Rezeption wird dadurch der Hiatus zwischen Ästhetik und Moral auf eine spannungsreiche Weise aufgehoben. Mit dem Verzicht auf den erzählerischen Überblick, auf die Bevormundung des Lesers kommt dessen Urteilskraft ins Spiel. Fragen wie die nach der Schuld, danach, ob hier von der Natur ein grausamer Überlebenskampf den Menschen aufgezwungen wird und sie selber grausam macht oder ob sie der selbstverschuldeten Versteinerung von allenfalls in der Vergangenheit einmal unausweichlichen Verhältnissen unterliegen, werden im Text nicht präjudiziert; aber sie werden durch ihn (wenn auch nicht im Sinne einer Autorintention) gestellt, und zwar durch seine poetische Form auf eine Weise, der sich niemand entziehen kann.

Stefan Gross

Dem Schmied ist Glut ins Aug gespritzt. Von realen und erfundenen Teufeln.
Zur Erzählung „Die große schwarze Achse"

Der Teufel im Spiegel

„Vielleicht begann alles mit dem harmlosen, sogar poetisch klingenden Verbot vor dem Spiegel. Der Teufel sitzt im Spiegel, sagte meine Großmutter, wenn ich als Kind in den Spiegel schaute. Wenn ich leichtfüßig dastand, sogar ein bißchen froh mit mir, wer weiß weshalb, ich wußte damals schon, das wird nicht halten, wenn ich also vor dem Spiegel stand, vielleicht ganz leise summte, sagte meine Großmutter: 'Den Vogel, der morgens singt, frißt die Katz.'" (T 22)
Vielleicht begann es mit den Sätzen dieses Abschnitts.
Eine poetologische Betrachtung nimmt das Bild wieder auf: „Der Eindruck, daß genaues Hinsehen zerstören heißt, verdichtet sich mehr und mehr. Der Satz: 'Der Teufel sitzt im Spiegel' wußte das. Wenn man Menschen, auch, wenn sie einem nahe stehen, ansieht, wird man schonungslos. Man zerlegt sie." (T 25f.) Vielleicht begann es auch erst hier, daß ich mir in den Kopf setzte, den Teufel im Brunnen zu suchen. Mich aufs Glatteis begab, einen Text, zumindest einige Sätze dieses Textes entschlüsseln zu wollen, mit Hilfe zudem möglicherweise zweifelhafter, eher analogischer als logischer Argumentationen, nicht merkend, daß jener Text sich längst in ein Spiegelkabinett verwandelt hatte und seine Fratzen meine waren.

Der Teufel im Brunnen

„Die große schwarze Achse"[1], eine der längeren Erzählungen, man könnte auch sagen, Prosagedichte aus dem Band *Barfüßiger Februar*, beginnt mit dem Satz: „Der Brunnen ist kein Fenster und kein Spiegel." (BF 6) Das

---
[1] BF 6-23.

scheint zunächst beruhigend, beschwichtigend. Doch dann steht da auch: „Wer zu lange in den Brunnen schaut, schaut auch zu oft hinein." (BF 6) Ein real existierendes Sprichwort? eine erfundene Sentenz? Bereits hier spielt das keine Rolle mehr, ist es auch nicht wichtig, daß tautologische Tendenzen oder andere Nonsensvarianten auszumachen sind in dieser Weisheit. Entscheidend ist der warnende Zeigefinger – wovor auch immer.

„Durch den Brunnen sieht man, wie die große schwarze Achse unterm Dorf die Jahre dreht. Wer einmal krank bis in die Augen war, und mit dem einen Aug im Tod, hat sie gesehn. [...] Die Toten drehn die Achse rundherum wie eine Pferdemühle, damit auch wir bald sterben. Dann helfen wir die Achse drehn. Und je mehr Tote sind, je leerer wird das Dorf, je rascher geht die Zeit." (BF 6)

Das [mein] Glatteis: Die direkte Rede in den bisherigen Zitaten aus der „Großen schwarzen Achse" stehen im Text ohne Anführungszeichen, während später wörtliche Rede im allgemeinen durch Anführungszeichen gekennzeichnet ist. Ich unterstelle gleichwohl, daß es sich um Aussagen des Großvaters der Erzählerin handelt. Das läßt sich nicht beweisen, es gibt nur ein paar Anhaltspunkte, die es nahelegen: zunächst analogisch, insofern die zitierten Abschnitte mit Aussagen zum Brunnen mit den Sätzen enden „Großvaters Gesicht wuchs wie von unten neben meines hin. Zwischen seinen Lippen stand das Wasser" und „Großvaters Gesicht war grün und schwer." (BF 6) Weiterhin, da die Erzählerin den Großvater anläßlich eines Krankenbesuchs fragt, „ob der Nachbar krank bis in die Augen sei, ob er die Achse unterm Brunnen sieht" (BF 8), und ihm insofern eine gewisse Kompetenz in dieser Angelegenheit zuzutrauen scheint. Eine Unterstellung gleichwohl bleibt es, und so manches Mal noch wird im folgenden mit mehr oder weniger plausiblen Unterstellungen gearbeitet. Ein weiteres Beispiel für derartige Unterstellungen bietet sich gleich hier an. In den Sätzen „Großvaters Gesicht wuchs wie von unten neben meines hin. Zwischen seinen Lippen stand das Wasser", sowie kurz darauf, „In seine Wange sprang ein Frosch. Und seine Schläfe sprang in dünnen Kreisen über mein Gesicht [...]" (BF 6) wird, photographisch nüchtern, beschrieben, was die Erzählerin in diesem Moment beim Blick in den Brunnen sieht – eben nicht die Achse, sondern einen Frosch, vermutlich Moos („Der Brunnenrand war wie ein Schlauch aus grünen Mäusen"), außerdem spiegelverkehrt Großvaters und ihr eigenes Gesicht auf dem Wasser. Wie gesagt, auch dies eine Unterstellung.

Für die Ich-Erzählerin (ein Kind, ein junges Mädchen, vermutlich zwischen acht und zwölf Jahre alt[2]) wird – vorgreifend könnte man sagen: aufgrund ihrer Haßliebe für das komplizierte Zusammenspiel, Gegeneinanderspiel von Wörtern, Wahrnehmung und Wirklichkeit – das Bild von der Achse faszinierender, als vom Großvater beabsichtigt. Sie erkennt das Nichtgesagte, das „Ausgelassene"[3] in seinen Erklärungen. „Großvater weiß manchmal, daß er nicht weiß, was er weiß." (N 42)[4]

Die Erzählerin jedenfalls will wissen, was es mit der großen schwarzen Achse auf sich hat. Worte und Bilder beginnen in ihr und um sie zu arbeiten. Allegorische und symbolische Bezüge entstehen. Wahrnehmung erfindet sich, erfindet die Realität. Beim Mittagessen sucht die Erzählerin durch die grünen Petersilienadern der Suppe auf dem Tellergrund die schwarze Achse. Verschiedenste Arten von Augen sind dabei. „Und Vater schlürfte schon ein Suppenauge", und „Mutter zwinkerte mit ihrem rechten Aug" (BF 7). Ein Gesprächsthema beim Essen ist die Ankunft der Zigeuner im Dorf. Während die Eltern über ‚reale' Details dieses Ereignisses reden (Betteln, Theaterspielen), registriert die Erzählerin die Sache 'nur' im Zusammenhang mit ihrem Brunnenproblem.[5]

Erzähltechnisch (in der Terminologie einer symbolistischen Wahrnehmungslehre, die hier ohne weitere Rechtfertigung benutzt wird) könnte man sagen, die Zigeuner kommen auf mehreren Ebenen bzw. auf allen drei Ebenen (realer, allegorischer und symbolischer) in jenes Stilleben, unter dessen Starre es tobt.[6] Einmal sozusagen real, für die Eltern und die meisten ande-

---

[2] Vgl. BF 20 ihr Erschrecken beim Anblick der Schamhaare der jungen Zigeunerin.
[3] Vgl. dazu T 19: „Ich merke es an den Texten anderer Autoren, ich fühle es aus den Büchern. Das, was mich einkreist, seine Wege geht, beim Lesen, ist das, was zwischen den Sätzen fällt und aufschlägt, oder kein Geräusch macht. Es ist das Ausgelassene."
[4] Vgl. auch T 22: „Die Redewendungen meiner Großmutter wußten manchmal, daß sie nicht wissen, was sie wußten."
[5] Vgl. BF 7.
[6] Vgl. T 27.

ren Dorfbewohner. Ein wenig bereits als Wort, Allegorie oder Metapher, für den Großvater: „Die Zigeuner sind Ägypter', sagte er. ‚Sie müssen dreißig Jahre wandern. Dann kommen sie zur Ruh."' (BF 7)[7] Für die Erzählerin symbolisch, als möglicherweise geeignetes Medium, in den Brunnen zu schauen: „Dann helfen sie die Achse drehn" (BF 7).

Es kommt Besuch. „Hinterm Fensterglas wie unterm Wasserspiegel stand das Gesicht der Nachbarin." (BF 7) Der Satz bzw. der Anblick, das Wahrnehmen der Nachbarin, leitet eine Rückblende ein: die Erinnerung an den ersten Versuch, die schwarze Achse durch die Augen des sterbenden Vaters jener Nachbarin zu sehen. „Ich fragte Großvater unter den weißen Aprikosenbäumen, ob der Nachbar krank bis in die Augen sei, ob er die Achse unterm Brunnen sieht. Großvater nickte stumm. / Da wollte ich das Auge sehn. Da fragte ich zwei Schritte hinter seinen Sonntagsschuh: ‚Nimmst du mich mit.'" (BF 8) Dieser erste Versuch scheitert jedoch: „Der Kranke öffnete die Augen groß und grau. Ich sah den Brunnen nicht." (BF 9) (Ich unterstelle hier, daß der Brunnen als Verkürzung für die Achse unterm Brunnen steht.)

Während des Krankenbesuchs wird über Lenis unehelichen kleinen Sohn gesprochen. Leni erklärt der Erzählerin, der Storch suche den Vater noch. Der Storch: ein Wort, ein Bild, eine Metapher, die wie zufällig in den Text gerät. Von nun aber wird auch der (suchende) ‚Storch' zu den Bildern gehören, die für eine Zeitlang die Realität der Wahrnehmung bestimmen. Eine Zeitlang: für die Dauer dieses Textes, für die Dauer dieser Realität. So entsteht, fast unmerklich, eine immer kompliziertere Verkettung von Worten, Sätzen, Bildern, die wie zufällig hinzustoßen, hineinfließen, hineingeflochten werden. ‚Gegenstände, die sich mitschleppen' (T 68), hat die Autorin das in einem Essay selbst genannt.

Einige weitere Beispiele. Das Ende der Rückblende. „Jetzt stand Leni hinterm Fensterglas. [...] Leni sagte hinterm Fensterglas. [...] Die Fensterflügel standen über Mutters Schultern wie zwei Spiegel. [...] Leni schaute in den Fensterspiegel. [...] Und Leni schaute über Mutters Schulter in den Fensterspiegel. [...] Leni ging und eine Wolke stand im Fensterspiegel." (BF 10)

---

[7] Das Bild wird BF 15 wieder aufgenommen.

Leni ging, und eine Wolke steht im Text.

Die Wolke bleibt zunächst da stehen. Ganz unschuldig nicht, denn Leni berichtete zuletzt und voller Stolz, daß sie eine bettelnde Zigeunerin fortgejagt hat. Der Text fährt fort: „Die Mutter stand am Tisch. ‚Der Storch sucht immer noch den Vater für den kleinen Franz', sagte ich und schaute auf die Straße." (BF 10) Der Storch erscheint hier noch im vertrauten Rahmen. Aber gleich wieder Bilderwechsel. Die Realität drängt sich der Wahrnehmung mit einer ganzen Reihe neuer Allegorien auf. Die Erzählerin liest ein Buch, nein, auch das Buch wird gleich allegorisch: sie liest in *ihrem* Buch, ihrem Buch des Lebens, der Erkenntnis, zumindest dieses Textes. Und was sie da (zufällig?) liest in ihrem Buch, sind, leicht abgewandelt – eine Königin tritt an die Stelle von Herzog Siegfried, das Herz eines jungen Rehs ersetzt das Herz eines Hundes – zentrale Bilder und Motive des Genoveva-Stoffs, der von den Zigeunern am gleichen Nachmittag im Dorf aufgeführt wird.

Die durch dieses Buch der Erzählerin eingeführte Königin mit dem Part des rachsüchtigen Herzogs stellt die ausschließlich passiv erduldende Rolle der Frau im Genoveva-Stoff in Frage. Verarbeitet werden damit vielleicht gleich zwei Differenzen: die zwischen der züchtigen Genoveva-Rolle und ihrer Verkörperung durch die laut Leni und der Mutter so anrüchig laszive Zigeunerin mit ihrem ausgeschnittenen Kleid.[8] Dann aber auch die sich so selbstverständlich gebende moralische Erhabenheit Lenis und ihrer Mutter gegenüber den Zigeunern, obwohl doch der Storch immer noch den Vater für den kleinen Franz sucht.

Während die Erzählerin liest, kommt die Mutter mit einer zerrissenen Viehkette aus dem Stall. Ihre Tochter soll sie vom Schmied reparieren lassen, aber sich die Augen zuhalten und nicht in die Glut schauen. Wieder beginnen die Wörter, Bilder und Wahrnehmungen zu arbeiten, sich mit anderen Bildern, Wahrnehmungen zu kombinieren. Kette, Schmied, Glut, Augen. Zunächst: „Die Sonne hatte einen langen Bart. [...] Es war ein Bart aus Glut." (BF 11) Dann jenes grandiose: „Dem Schmied ist Glut ins Aug gespritzt. Die hat gebrannt. Sein Aug war dick und blau wie eine Zwiebel. Und als der Schmied das Zwiebelauge nicht mehr tragen konnte, weil es

---

[8] Vgl. BF 10.

ihm den ganzen Kopf gefressen hätte, und den Verstand, hat er es mit der Nadel aufgestochen. Das Zwiebelaug ist tagelang geronnen, schwarz und rot, und grün, und blau. Und alle Leute haben sich gewundert, daß ein Aug, ein Augenlicht so viele Farben hat. Der Schmied lag in den Rinnsalen des Augenlichts im Bett und alle Leute haben ihn besucht, bis sein Auge ausgeronnen war. Da war die Augenhöhle leer." (BF 12)

Unterstellungen: Ein erster Erfolg auf der Suche nach dem Brunnen: Der Schmied wird zur Allegorie für das Bild vom notwendigen Kranksein bis in die Augen. Durch den Umweg über den Schmied wiederum wird die Glut zur Allegorie für diese fast ersehnte Krankheit selbst. Die Bilder erschließen sich zunehmend gegenseitig. Vom Auge des Schmieds aus z. B. der spätere Satz: „Ich ging wie ausgeronnen auf den Bahndamm zu." (BF 21) Die Erzählerin ist in jenem Moment bereit, in der Lage, in den Brunnen zu schauen, den Tod zu sehen. (Und sie wird es unmittelbar nach dem Satz in intensivster Weise tun.)

Die Glut: Allegorische Glut, unabhängig vom Kontext als Verweisfunktion zu verstehen: Die Sonne hat einen „Bart aus Glut" (BF 11). In der Sonne „schimmerte Glut" (BF 13). „Eine rote Wolke war die Königin. Sie hatte Glut im Kleid" (BF 13). Ein Zigarettenstummel, der „wie ein Auge" glühte (BF 17). Die Glut in der Schmiede „schlief" schon (BF 22). Symbolische Glut, nur noch im Kontext der Allegorien zu verstehen: „Das Fenster unsres Hauses war voll mit Glut" (BF 23). (Allegorisch weist das ‚Fenster' in diesem Satz auf den Spiegel. Die symbolischen Konsequenzen sind farbig wie das Augenlicht.)

Manche Passagen im Text, man könnte sie als Bildschaltstellen oder real-allegorisch-symbolische Kreuzungen bezeichnen, lassen sich am ehesten im Nachvollzug aller jeweiligen Ebenen entschlüsseln. Dunkel, aber womöglich von zentraler Bedeutung scheint z. B. folgender Abschnitt: „Ich sah die Mühle dreimal. Zweimal stand sie Kopf, einmal im Teich und einmal in den Wolken. Eine rote Wolke war die Königin. Sie hatte Glut im Kleid und schaute durch ihr graues Haar auf meine Kette." (BF 13) Bevor eine Deutung bzw. Teildeutung versucht werden kann, muß aber noch ein anderes Bild verfolgt werden.

Der Meerrettich: „Wenn du ihm Blumen gibst, dann schickst du ihn ins Grab" (BF 8), sagt der Großvater. Meerrettich riecht bitter, ist nicht zum

Schenken (BF 8), überlegt sich die Erzählerin selbst. Bei einem epileptischen Anfall der Kantorin stand ihr Mund offen „und schäumte weiß, daß es Meerrettich war, der ihr am Hals in den Kragen tropfte." (BF 13)[9] Mehrere Hinweise legen nah, daß die Erzählerin beim Beobachten dieses Anfalls dem Brunnen auf den Grund geschaut, die Menschen an der großen schwarzen Achse hat arbeiten sehen: - der Anfall ist bei einem Begräbnis geschehen; - die Erzählerin kannte die Krankheit vermutlich nicht und ging davon aus, einer bis in die Augen Kranken zuzuschauen. (Somit ihrer ursprünglichen Strategie entsprechend, die Achse über den Umweg fremder kranker Augen zu sehen.) Zumindest sieht sich der Großvater genötigt, sie mit der Erklärung zu beruhigen, daß es sich nur um eine Krankheit handelt und gleich vorbei sei; – schließlich folgt übergangslos jener Abschnitt, der mit „Ich sah die Mühle dreimal" beginnt (und dessen Deutung im folgenden versucht wird.)

„Ich sah die Mühle dreimal. Zweimal stand sie Kopf, einmal im Teich und einmal in den Wolken. Eine rote Wolke war die Königin. Sie hatte Glut im Kleid und schaute durch ihr graues Haar auf meine Kette." (BF 13)

Nur einmal war vorher im Text von einer Mühle die Rede gewesen, und zwar im Bildkontext der großen schwarzen Achse: „Die Toten drehn die Achse rundherum wie eine Pferdemühle, damit auch wir bald sterben. Dann helfen wir die Achse drehn." (BF 6) Insofern ist die Mühle zunächst Metapher für die Achse, darüber hinaus aber auch Allegorie für den Tod. Dreimal hat die Erzählerin die Mühle gesehen:

1. im Meerrettichschaum während des unmittelbar zuvor geschilderten epileptischen Anfalls der Kantorin.

2. im Teich: Die einzige weitere Erwähnung eines Teichs geschieht viel später in einem auf den ersten Blick ebenfalls dunklen, enigmatischen Bild: „Vor der Mühle stand ein Storch. Sein Flügel war verwest vor Dunkelheit, sein Bein war angefault vom Teich." (BF 22) Die Bildzusammenfügung vom fauligen Teich läßt sich jedoch über mehrere Abschnitte, Sätze und andere Bilder zurückverfolgen, angefangen bei „Der Teich war klein und hielt den Spiegel hin. Er konnte soviel Kot und soviel Nacht nicht widerspiegeln" (BF 22) über „Der Himmel roch nach Kot" (BF 22) und „Es stank

---

[9] Vgl. auch die Wiederaufnahme des Bildes BF 18.

nach faulem Fleisch" (BF 22) anläßlich des Stuhlgangs der Tante bis zum während desselben Anlasses beobachteten „Sie pflückte Gras mit einer weißen Hand und stöhnte laut wie für den Tod" (BF 21). Was die Erzählerin hier, während sie wie ausgeronnen auf den Bahndamm zugeht, wahrnimmt, ist kein normaler Stuhlgang mehr – der Körper der Tante leert sich restlos, *wie für den Tod,* und seine Ausscheidungen bilden schließlich den fauligen Teich.

3. in den Wolken: Leni, ihr gestohlenes rotes Huhn, die Wolke im Fenster, die Zigeunerin mit ihrem ausgeschnittenen Kleid, die haßerfüllte Königin aus dem auch (für den Zusammenhang zwischen Leni, der Zigeunerin und der Königin, s. o.), die wie Glut schimmernde Sonne, der Glut verspritzende Blasebalg, die zerrissene Kette – die Bilderkette führt zum Schmied und seinem ausgeronnenen Auge, insofern zum dritten Mal zur großen schwarzen Achse.

Ein weiterer, hermetisch anmutender Abschnitt öffnet sich so wenigstens zum Teil: „Das Brunnenrad stand still. Der Brunnen schlief und seine Kette schlief. Eine Wolke wanderte im großen Kot. Im Schlaf des Himmels zog sie auf und ab, und hatte weißen wilden Meerrettich im Schuh, und flatterte am Hals. Und flatterte am Hals mit Lenis rotem Huhn." (BF 23) Die drei gesehenen Mühlen-, Brunnen-, Achsen- bzw. Todesbilder begegnen sich, gehen, laufen ineinander über: Das Rot und die Wolken für die Mühle des Schmieds, Meerrettich und Hals für die Mühle der Kantorin und der große Kot schließlich für diejenige der Tante.

Die Kette, die die Erzählerin zur Reparatur zum Schmied bringen soll, wird im Text mehrfach als Schlange allegorisiert und kann recht eindeutig als Allegorie für die *Versuchung* verstanden werden. Auf materieller Ebene auch dadurch, daß das mitgegebene Reparaturgeld es der Erzählerin ermöglicht, die Theateraufführung der Zigeuner zu besuchen. Schließlich, auf symbolischer Ebene, als Versuchung vor allem, in den Brunnen zu schauen. Dies wird besonders dadurch nahegelegt, daß die Kette, auch wenn es materiell möglicherweise eine andere ist, am Ende zum Brunnen gehört. Diese Kette wird dadurch allegorisch wiederum zum Verbindungsglied zwischen Brunnenrand und Brunnengrund. Der Brunnen selbst allegorisiert dann die Versuchung. (Kann man noch oder schon sagen, wovon bzw. wozu?)

Es gibt im Text noch eine ganze Reihe von Bildern (man könnte auch sagen, Worten, Wörtern, Gegenständen), die irgendwann da sind, sich nicht mehr wegdrängen lassen und sich von nun an ‚mitschleppen' (T 68), z. B. Glas, Gras, Erde und Bahndamm. Fischgräten. Fischgräten? Siehe unten. Auch der Frosch, der am Anfang dem Großvater in die Wange gesprungen war, taucht am Ende noch einmal auf: „Großvater schlief. Gregor schlief einen Traum und sah in seinem Traum, wie ein Frosch mir in die Wange springt. / Die große schwarze Achse drehte sich." (BF 23) (Der Großvater heißt Gregor[10]; oder wäre es richtiger zu sagen, er heißt *auch* Gregor?) Alle diese Bilder führen ein Eigenleben, sind aber auch Teil eines universalen, analogischen Symbolismus, in dem Sinne, wie ihn, jenseits vom mittelalterlich theologischen Modell, Baudelaire, Mallarmé, Maeterlinck und Breton konzipiert haben, eines Symbolismus, der, wenn er bei Lautréamont etwa zur Begegnung von Nähmaschine und Regenschirm auf einem Seziertisch führt[11], eben nicht beliebig gemeint ist. Eines Symbolismus der erfundenen Wahrnehmung. „Das Bild ist eine reine Schöpfung des Geistes. Es kann nicht aus einem Vergleich entstehen, vielmehr aus der Annäherung von zwei mehr oder weniger voneinander entfernten Wirklichkeiten. Je entfernter und je genauer die Beziehungen der einander angenäherten Wirklichkeiten sind, um so stärker ist das Bild – um so mehr emotionale Wirkung und poetische Realität besitzt es."[12]

Aber was ist nun ‚tatsächlich' geschehen in der „Großen schwarzen Achse"? Die Erzählerin möchte den Brunnen, die Mühle, die Achse sehen. Doch nur jemand, der krank bis in die Augen ist, kann ihn bzw. sie sehen. Sie begleitet den Großvater zu einem Schwerkranken, hofft, durch dessen Augen zu sehen, doch „Ich sah den Brunnen nicht." (BF 9) Dreimal dann gelingt es ihr, sich ihren Bilderwunsch zu erfüllen. Beim Schmied ist es vergleichsweise einfach, der ist eben, sehr materiell und direkt, wegen des ausgeronnenen Auges mit einem Aug im Tod. Die beiden anderen Male (da, wo die Mühle Kopf stand) ist es anders abgelaufen als geplant. Was die

---

[10] Vgl. BF 9.
[11] Comte de Lautréamont: Les Chants de Maldoror. In: Lautréamont/G. Nouveau: Œuvres complètes. Paris 1970. S. 224f.
[12] Pierre Reverdy, in André Breton: Die Manifeste des Surrealismus. Reinbek 1968, S. 22f.

Erzählerin da gesehen hat, sah sie nicht durch die Augen der anderen, sondern mit den eigenen Augen. Legt man das Erklärungsmodell bzw. die Bildsprache des Großvaters zugrunde, ist es dann unversehens sie, die krank ist, krank sein muß bis in die Augen. Wobei zwischen dem Anfall der Kantorin und dem Stuhlgang der Tante noch ein gewaltiger Qualitätssprung liegt: der epileptische Anfall ist an sich bereits ein sehr bildkräftiger Vorgang, da braucht die Erzählerin – das junge Mädchen, das diese Krankheit nicht kennt – nicht viel hinzuzufügen. Erst das Sehen des Todes beim Stuhlgang, angekündigt durch „Ich ging wie ausgeronnen auf den Bahndamm zu" (BF 21), wird zur autonomen Wahrnehmung, erst dieser – wenn man den völlig fehlgeschlagenen ersten, den Besuch beim todkranken Nachbarn, mitrechnet – vierte Versuch hat den Durchbruch, die Selbständigkeit in bezug auf die äußere Realität gebracht.

So wird der Blick in den Brunnen zugleich Initiation in die erfundene Wahrnehmung. Initiation ins autonome Schreiben. So wird der Brunnen Versuchung zur Erkenntnis, zur Selbsterkenntnis, zur Autonomie, zur Verführung. So wird der Brunnen, der zwar kein Spiegel ist, gefährlich wie ein Spiegel.

Ein großmütterlich-christliches Gedankenspiel: Die drei symbolischen Etappen der Versuchungen des Teufels könnten im Sinne einer mehr oder weniger erfundenen Großmutter beim Schmied beginnen. Da wird die Seele verkauft, das Gute gegen das Böse, Himmel gegen Hölle eingetauscht. Die Epilepsie der Kantorin führt zur Erkenntnis, dem Hochmut des Wissens, geistiger Eitelkeit. Der Stuhlgang der Tante, ihr Kot, der Teich, (der Storch, der im Teich steht, der Storch, der seinen Schnabel in den Kot stecken soll) ist schließlich die Entdeckung der Sexualität und zieht physische Eitelkeit nach sich.

Ist, dann allemal, der Unterschied zwischen Spiegel und Brunnen vielleicht nur der Unterschied zwischen Großmutter und Großvater, der Unterschied zwischen gar nicht und ein wenig, zwischen einem direkt und einem erst bei längerem Hinsehen erscheinenden Teufel?

Der Teufel im Bild

Das Triptychon des Teufels endet im Bild. Im Bild – sei es als Photo oder Vorstellung – wird der Teufel allgegenwärtig. Die Hölle ist jetzt nicht mehr nur das Ich, es sind auch die anderen. Im allgemeinen zwar die anderen, gesehen durch das Ich, bisweilen aber auch das Ich, gesehen durch die anderen. Im Extremfall das Ich, gesehen durch die durch das Ich gesehenen anderen. Etwa, wenn ein kaum fünfjähriger Junge Irene, die Angst vor Kindern hat, auf der Straße nachruft: „Nutte" (R 153). Oder, wenn Irene Paßbilder braucht und sich vor der Lüge und vor der Wahrheit der Bilder zu fürchten scheint (R 17f.). Auf dem Photo hat sich schließlich eine fremde Person in Irenes Gesicht eingeschlichen (R 18).

Das genaue Hinsehen, das zum Zerlegen, zum Zerstören führt, zerlegt, zerstört im Spiegel das Ich, im Bild die anderen und das Ich gleich mit. So wird auch die Zerstörung allgegenwärtig. Die höchste Radikalität photographisch genauen Beobachtens führt jedoch plötzlich auf eine andere Ebene. Die Zerstörung wird zur symbolischen Zerstörung. Das genaueste Hinsehen wird zum erfundenen Hinsehen. Wahrheit und Lüge verlieren ihre gegensätzliche Bedeutung. Der Teufel steckt im Detail, wie man so sagt, und die Realität bekommt unversehens etwas Komisches:

„Neben den Wagen war ein offener Kreis aus Leuten. Die aus der letzten Reihe hatten Hosenbeine, und Waden, und Rücken, und Köpfe. Und die aus der vorletzten Reihe hatten Schultern, und Hälse, und Köpfe. Und die aus der ersten Reihe hatten Haarspitzen, und Hutränder, und Kopftuchenden." (BF 15)

Ist es die Wahrnehmung, ist es die erfundene Wahrnehmung, sind es die sich selbstständig machenden Bilder, oder hat sich der Teufel in die Wörter geschlichen? Ein Wort, eines dieser verdächtigen Worte ist die „Quaste": „Ionel wippte mit der Quaste seiner Kappe vor der Stirn des Schmieds." (BF 16) „Der Schmied hob die Flasche an die Lippen und schloß sein buntes Augenlicht, das noch nicht ausgeronnen war. Er lächelte und schluckte. Ionels Quaste stand im Klang der sanftbesungnen Liebe in seiner leeren Augenhöhle und war ein wollnes Auge." (BF 17).

Noch ein Wort: Fischgräten. „Der Agronom hatte einen hellgrauen Anzug mit dunkelgrauem Muster an. Es war ein Fischgrätmuster, und es war hell an den Schultern und dunkel am Rückgrat. Der Agronom ging mit schwarzen Wirbeln in seinen Fischgräten hinter der Kantorin her." (BF 14) „Der Agronom steckte die Hand in die Rocktasche und ich sah diese Hand wie den Bauch eines Fischs unterm Stoff." (BF 16) „Der Agronom glitt mit den Augen über das Glas dieser Schultern und seine Fischgräten drängten ihn dicht neben mich" (BF 19). „Die Hand des Agronoms klimperte, als wären die Fischgräten dürr. [...] Und die Fischgräten des Agronoms standen in zuckendem Grau [...]" (BF 20). – Wird hier noch ein Agronom oder ist bereits ein Fisch zerlegt?

Der Wille zur Macht der Wörter und der Dinge, das Eindringen der Wörter in die Realität, der Kampf der Wörter, der Sprichwörter, der Sätze, der Metaphern, der Bilder, die Wörter sind, der Wörter, die Bilder sind, untereinander, um die Realität, um die Herrschaft über die Realität, all das führt schließlich zur symbolischen Zerstörung der Realität, zu ihrem humoristischen Zerrbild. Wenn man so will, zur teuflischen Fratze.

Norbert Otto Eke

„Überall, wo man den Tod gesehen hat". Zeitlichkeit und Tod in der Prosa Herta Müllers. Anmerkungen zu einem Motivzusammenhang

I.

1987 veröffentlichte Herta Müller in ihrem Prosaband *Barfüßiger Februar* den Bericht einer „Sommerreise", der die literarischen Genregrenzen, hier zwischen Essay und poetischer Reflexion, in für ihr Schreiben charakteristischer Weise souverän überschreitet: „Überall, wo man den Tod gesehen hat. Eine Sommerreise in die Maramuresch".[1] Das titelgebende Zitat („Überall, wo man den Tod gesehen hat") findet im letzten Satz des Textes eine Fortsetzung: „[...] ist man ein bißchen wie zuhaus." (BF 121) Überschrift und Schlußsatz legen eine Klammer um den Text, der eine Reise in die Provinz als Reise in den Tod beschreibt:

> Hinterm Bahnhof stellt ein Berg sich quer in ihren Weg, lockt sie wie Schlangen in sein nasses, dunkles Maul. Wie durch ein Grab fährt jeden Tag der Zug durch diesen Tunnel. Die Schlangen kriechen und dem Zug schreit wund das Rad, geht in die Knie, quietscht schrill, wie Eisen schreit in Rost und Dunkelheit. Die Reisenden verschluckt der Moder. (BF 101)

Herta Müllers Provinz ist gezeichnet von den Malen des Zerfalls: eine Landschaft des – oft frühen (BF 109) – Todes. So verschränken sich in dieser Landschaft Geschichte und Gegenwart, Einzelnes und Allgemeines, Beobachtung und Erinnerung zu einer Textur des Endes. Friedhöfe und Denkmäler, Orte einer gezähmten Erinnerung, die sich mit dem Vergessen berührt, sind Ruhepunkte in der Bewegung der Reise, die den Begegnungen mit dem allgegenwärtigen Sterben nicht ausweichen kann: Orte des Eingedenkens und der Trauer, über die verdrängte Geschichte – die deutsche

---

[1] Der Text war zuvor bereits im „Zeit Magazin" vom 27.6.1986 (S. 39-50) veröffentlicht worden.

(genauer: die der deutschen Minderheit Rumäniens) wie die rumänische gleichermaßen –, über die Gleichgültigkeit und Roheit. In diesem Sinne treten der vergessene Tod der Juden aus der Maramuresch in den deutschen Vernichtungslagern, der verdrängte Tod auf dem „heiteren Friedhof" von Sapînta (BF 115) und der verheimlichte Tod der Flüchtenden an der geschlossenen Grenze (BF 117) in eine verborgene Korrespondenz, die das (Ver-)Schweigen hinter dem ritualisierten Umgang mit dem Sterben und der leeren „Choreographie" (BF 111) der Trauer[2] bricht:

> Da steht der große schwarze Stein, das Denkmal für 38000 Juden aus der Maramuresch, die im Mai 1944 nach Auschwitz deportiert und vergast worden sind. Da steh ich vor dem weißen, fangarmigen Kerzenleuchter, der nicht zucken kann. Meine Finger sind schwarz von den Heidelbeeren. Und wenn ich jetzt sterben müßte, wär mein Haar keine Bürste, meine Knochen kein Mehl. Mein Tod wäre deutsch wie der Tod meines Vaters. Er ist in der SS gewesen, nach dem Krieg ins Dorf zurückgekehrt, hat geheiratet und mich gezeugt. [...] Der Tod meines Vaters war der Tod einer Krankheit.
> Kein Reiseführer weist auf dieses Denkmal hin. Ich bin gedemütigt von meinem deutschen Vater und nocheinmal erniedrigt und betrogen vom Schweigen der rumänischen Geschichte. (BF 105)

In politischer Engführung dieser Thematik legt die kurze Erzählung „Die Grabrede", mit der Herta Müller ihren mehrfach ausgezeichneten Prosaband *Niederungen* programmatisch eröffnet, Sprengsätze an die durch die Strategien des Verschweigens vorbestimmten Wirklichkeitsbilder und setzt der andernorts mit der Metapher des „deutschen Frosches"[3] beschriebenen Flucht ins gemachte Bild richtungsweisend das Reden als Trauerarbeit entgegen. „Die Grabrede" verschränkt mit Hilfe einer Mehrfachverwendung korrespondierender Motive in verschiedenen Kontexten (das Todessymbol der weißen Blumen, die Rüben als Symbol der Gewalt, das Motiv des

---

[2] Vgl. dazu vor allem die Beschreibung der Begräbnisfeierlichkeiten BF 111f.
[3] Vgl. dazu N 94.

Schlachtens[4]) individuelle und kollektive Geschichte, erteiltes und erlittenes Leid miteinander und zeigt ihr wechselseitiges Bedingungsverhältnis.[5] Gespannt zwischen einem zweifachen Ende, dem eines Films und dem eines Traums, steigert der Text erinnerte Wirklichkeit ins Alptraumhafte, überschreitet die Grenzen zwischen Traum und Wirklichkeit und macht dabei das für Herta Müllers Schreiben konstitutive Moment des Grenzen (Tabus) verletzenden Widerspruchs unmittelbar selbst zum Gegenstand des Erzählens.

Der Traum selbst beginnt als Fortsetzung des Fernsehens. Von den bewegten Bildern des Films blendet der Text über zu den erstarrten Zeugnissen eines erloschenen Lebens, die ein Sterbezimmer schmücken: Photographien, die den Vater des (weiblichen) Traum-Ichs in verschiedenen Phasen seines Lebens zeigen. Die Bilder und die an ihnen angelagerten Erinnerungen verdichten sich zu einer beschämenden[6] Biographie ohne erkennbare Brüche oder nur Augenblicke des Einhaltens. Noch die auf den Photographien scheinbar dokumentierte entlastende Hilflosigkeit des Vaters ist eine Lüge: „Auf allen Bildern sah Vater so aus, als ob er nicht mehr weiter wußte. Aber Vater wußte immer weiter. Deshalb waren alle diese Bilder falsch." (N 8). Auf dem Friedhof wird das Traum-Ich durch drei jenseits der Trauergemeinde angesiedelte Traumfiguren mit der Schuld-Geschichte

---

[4] Der Vater begegnet so in verschiedenen Stadien als hochdekorierter Angehöriger der Waffen-SS („Für fünfundzwanzig Tote hat er eine Auszeichnung bekommen. Er hat mehrere Auszeichnungen mitgebracht." [N 9]) und Fahrer eines Schlachthofs in der Nachkriegszeit; die Leiche ist aufgebahrt auf einem Schlachttisch.

[5] Vgl. dazu die zweimalige Beschreibung des Rübenfeldes S. 9 und 11: „In einem Rübenfeld hat er eine Frau vergewaltigt, sagte das Männchen. Zusammen mit vier anderen Soldaten. Dein Vater hat ihr eine Rübe zwischen die Beine gesteckt. [...] Es war Spätherbst, sagte das Männchen. Die Rübenblätter waren schwarz und zusammengeklappt vom Frost." – „In Rußland haben sie mich geschoren. Das war die kleinste Strafe, sagte sie [die Mutter]. Ich taumelte vor Hunger. Nachts kroch ich in ein Rübenfeld. Der Hüter hatte ein Gewehr. Wenn er mich gesehen hätte, hätte er mich umgebracht. Das Feld raschelte nicht. Es war Spätherbst, und die Rübenblätter waren schwarz und zusammengeklappt vom Frost."

[6] Vgl. dazu das wiederkehrende Motiv der Scham, hier: „Mein Kleid war durchsichtig und schwarz." (N 8)

des Vaters konfrontiert, wie sie die falschen Bilder verschweigen: „Dein Vater hat viele Tote auf dem Gewissen" (N 8). – „In einem Rübenfeld hat er eine Frau vergewaltigt" (N 9). – „Dein Vater hat jahrelang mit meiner Frau geschlafen [...]. Er hat mich im Suff erpreßt und mir das Geld gestohlen." (N 10) Versucht die Tochter anfänglich noch schwach, den toten Vater zu verteidigen („Er war im Krieg." [N 9]), reagiert sie zuletzt auf diese Gegenbilder des Vaters als Mörder, Gewalttäter und Erpresser nur noch mit einer hilflosen Geste der Scham („Ich sah an mir herab und erschrak, weil man meine Brüste sah." [N 10]). Aber sie verbeißt sich auch buchstäblich über diese Hilflosigkeit hinaus die von ihr erwartete Gedenkrede auf den Toten (das Tote, das geschichtlich Abgelebte und Abgelegte). Die Rose im Knopfloch des bestellten Grabredners, das Verzehren eines ihrer Blätter durch ihn unmittelbar bevor er das Zeichen zum Sprechen gibt, sind innerhalb des komplexen Motivgefüges des Textes in diesem Zusammenhang Metaphern des (geforderten) Verschweigens.[7] Diese Forderung zum Gedenken schließt das erinnernde Eingedenken, die Wiedererinnerung eines Unerledigten gegen die „fressende Zeit" (Bloch) kategorisch aus. Der Grabredner spricht daher im Namen der – deutschen – Trauergemeinde das Todesurteil über die Tochter, deren (erzählerisch nicht explizierte) (Ver-)Weigerung gegenüber dem geforderten Verschweigen im Sinne des Abstandnehmens und des Vergessens als Verrat und Verleumdung bewertet wird: „Wir sind stolz auf unsere Gemeinde. Unsere Tüchtigkeit bewahrt uns vor dem Untergang. Wir lassen uns nicht beschimpfen, sagte er. Wir lassen uns nicht verleumden. Im Namen unserer deutschen Gemeinde wirst du zum Tode verurteilt." (N 10f.)

Erst im letzten Satz gibt der Text sich als Protokoll eines Alptraums zu erkennen, der abgebrochen wird durch den Schrei der Träumenden, erst nachdem die Realität in Gestalt des Weckers sich wieder zu Wort gemeldet hat. Der Traum selbst erscheint so als Fortsetzung der Wirklichkeit; er hat „den Rhythmus des Geschehns des Tages" (T 64) und wird so zur Fiktion

---

[7] Bereits in der römischen Antike ist die Rose Symbol des Schweigens und des Geheimnisses. In dieser Bedeutung begegnet sie an der Decke von klösterlichen Konventsälen und an Beichtstühlen.

der Wahrheit einer erfundenen Wahrnehmung: der nächtliche Traum wiederholt die alptraumhaften Erfahrungen des Tages.

Wie in einem Brennspiegel fangen die Erzählungen „Überall, wo man den Tod gesehen hat. Eine Sommerreise in die Maramuresch" und „Die Grabrede" wichtige Elemente der Themen Zeitlichkeit und Tod in der Prosa Herta Müllers ein. Die zentrale Stellung dieser Themen vor allem innerhalb der noch in Rumänien entstandenen Texte, deren Bildersprache zu großen Teilen aus den Bereichen Tod, Verfall und Verwesung schöpft, ist mit diesen erzählerischen Einsprüchen gegen die still zu Grabe getragene (und in den Köpfen der Menschen gespenstisch weiterlebende) Vätergeschichte allein allerdings nicht hinreichend erklärt. Das Verenden von Tieren und Menschen, die Beschreibungen von spritzendem Blut, Fäkalien und Erbrochenem, Schleim und Dreck verbinden sich in diesen Prosastücken zu einem Bild des Niedergangs; Semantik des Endes einer von Kälte und Gewalt in ihren verschiedenen Ausprägungsformen gekennzeichneten archaisch dörflich-bäuerlichen Lebensform in einer Provinz, die nicht allein kategoriale Bestimmung des regionalen Raums ist, sondern zugleich Chiffre einer sozialen Ortsbestimmung: Provinz als Innenraum und Lebensform, als mythischer Raum des geschichtlich Überlebten und (ab-)geschlossenes Terrain. Die Häufung der Todes- bzw. Verwesungsmetaphern und Fäkalmotive in diesen Texten ist Programm; sie deutet auf die Faktizität des Endes (einer Lebensform, eines Kulturzusammenhangs) und läßt sich nicht mit einem Hang zum Makabren erklären, den die Autorin selbst eingestanden hat.[8] Herta Müllers ‚Notizen aus der Provinz' schildern Zerfallsprozesse, in denen das ontologische Faktum des Sterbenmüssens nur eine periphere Rolle als bedeutendes Zeichen im Hinblick auf den Zustand des dörflichen Sozialgefüges spielt. Ihre Texte entwerfen (Zeit-lose) Landschaften des Todes und einer auf ihn verweisenden Gewalt; der Text selbst wird zur Thanatographie: Nach-Schrift des Todes, der bis in die Beschreibung der Gegenstände präsent bleibt und in den Naturschilderungen gegenwärtig ist.[9]

---

[8] Mir erscheint jede Umgebung lebensfeindlich. Ein Gespräch mit der rumäniendeutschen Schriftstellerin Herta Müller. In: SZ, 16.11.1984.

[9] Vgl. dazu die Beschreibung eines Storches auf einem nächtlichen Weiher in der Erzählung „Die große schwarze Achse": „Vor der Mühle stand ein Storch. Sein

Noch die Liebe zwischen den Menschen ist überschattet von den Zeichen des Todes. In der Erzählung *Der Mensch ist ein großer Fasan* begegnet sie so in einer ihrer deprimierendsten Formen – als eine Liebe, die die Toten meint, wenn Herta Müller die „Liebes" -Geschichte zwischen dem Müller Windisch und seiner späteren Frau Katharina mit einem halb verzweifelten, halb geschäftsmäßigen Beischlaf zwischen den Gräbern des Dorffriedhofs beginnen läßt:[10]

> Windisch war aus der Kriegsgefangenschaft ins Dorf zurückgekommen.
> Das Dorf war wund von den vielen Toten und Vermißten gewesen.
> Barbara war in Rußland gestorben.
> Katharina war aus Rußland zurückgekehrt. Sie wollte Josef heiraten. Josef war im Krieg gestorben. Katharina war blaß im Gesicht. Ihre Augen waren tief.
> Katharina hatte wie Windisch den Tod gesehn. Katharina hatte wie Windisch ihr Leben mitgebracht. Windisch hängte sein Leben rasch an sie.
> Windisch hatte sie am ersten Samstag im wunden Dorf geküßt. Er drückte sie an einen Baum. Er spürte ihren jungen Bauch und ihre runden Brüste. Windisch ging mit ihr die Gärten entlang.
> Die Grabsteine standen in weißen Reihen. Das Eisentor quietschte. Katharina schlug das Kreuz. Sie weinte. Windisch wußte, daß sie um Josef weinte. Windisch schloß das Tor. Er weinte. Katharina wußte, daß er um Barbara weinte.
> Katharina setzte sich hinter der Kapelle ins Gras. Windisch beugte sich zu ihr. Sie griff ihm ins Haar. Sie lächelte. Er schob ihr den Rock hoch. Er knöpfte sich die Hose

---

Flügel war verwest vor Dunkelheit, sein Bein war angefault vom Teich." (BF 22)

[10] Vgl. dazu auch die mit Liebe wenig assoziierten Beischlafszenen in den Prosastücken „Faule Birnen" (*Niederungen*), „Die kleine Utopie vom Tod" und „Überall, wo man den Tod gesehen hat. Eine Sommerreise in die Maramuresch" (*Barfüßiger Februar*), in den Abschnitten „Der Schuß" und „Das silberne Kreuz" sowie die Masturbationsszene in dem Abschnitt „Die Nähmaschine" aus *Der Mensch ist ein großer Fasan auf der Welt*.

> auf. Er legte sich auf sie. Sie griff mit den Fingern ins Gras. Sie keuchte. Windisch schaute über ihr Haar. Die Grabsteine leuchteten. Sie zitterte.
> Katharina setzte sich auf. Sie streifte den Rock über die Knie. Windisch stand vor ihr und knöpfte seine Hose zu. Der Friedhof war groß. Windisch wußte, daß er nicht gestorben war. Daß er zu Hause war. (F 46f.)

Herta Müller beschreibt den Zerfall/Untergang des rückständig-archaischen dörflichen Lebensraums durch zwei miteinander verschränkte Zeit-Bilder, die Spannung durch ihre unmittelbare Beziehung auf den Tod erhalten: die *stehende* Zeit, durch die alles, was am Anfang „auf eine merkwürdige Weise belebt" erscheint, sich am Ende „als Totes" erweist, das „dem übermächtigen Sog des Zerfalls" unterliegt[11], und die *finite* Zeit mit dem Tod als Motor des Endes. Beide fängt Herta Müller in dem Prosastück „Die große schwarze Achse" in dem Motiv der immer schnelleren Entleerung des Dorfes mit dem Vergehen der Jahre ein, wobei die schwarze Achse unter dem Brunnen die Kraft einer Bewegung auf den Tod zu übersetzt:

> Durch den Brunnen sieht man, wie die große schwarze Achse unterm Dorf die Jahre dreht. [...] Die Toten drehn die Achse rundherum wie eine Pferdemühle, damit auch wir bald sterben. Dann helfen wir die Achse drehn. Und je mehr Tote sind, je leerer wird das Dorf, je rascher geht die Zeit. (BF 6)

II.

Bereits im Titel von Herta Müllers erstem Prosaband *Niederungen* schwingt die Vorstellung des Todes als Kryptozitat aus einem Text Johannes Bobrowskis mit, auf den Herta Müller selbst hingewiesen hat: „Wir, die wir in den Niederungen leben, wir verstehen den Tod, denn er ist uns nicht fremd, weil wir zusammen mit ihm aufgewachsen sind."[12] Damit sind bereits hier wie in der späteren „Sommerreise in die Maramuresch" die Mo-

---

[11] Helmut Britz: Reise ins Herz der Wunde. In: NL, 8/1983. S. 78.
[12] Mir erscheint jede Umgebung lebensfeindlich [Anm. 8].

mente von (geographischer und mentaler) Provinz und Tod indirekt verbunden.[13] In immer neuen Abwandlungen begegnet der Tod in der Titelerzählung der *Niederungen,* die den Verstörungen der Kindheit im dörflichen Banat der späten fünfziger und der sechziger Jahre im Sinne einer imaginären Biographie nachdenkt: sachlich exekutiert im Töten der Tiere, ins Ritual der Trauer gebannt[14] beim Sterben der Menschen. Zentrum des Textes ist die Erinnerung als Wieder-Holung und Selbstvergewisserung der Kindheit. Sie ist organisierendes Prinzip des Textes, der in Sprüngen und Assoziationen erzählt wird; sie setzt beliebig ein und breitet ihre Bilder aus. Die an filmischen Schnitt-Gegenschnitt-Techniken orientierte assoziative Verkettung eines naiven Kinderspiels mit dem Sterben des Vaters zeigt in diesem Zusammenhang nicht nur in besonders drastischer Weise, wie die Menschen in dieser archaischen Todeslandschaft gleich ihren Tieren verenden, sondern löst zugleich auf subtile Art die scheinbare Ordnung des Dorfes im antiidyllischen Bild („Die Fenster unserer Häuser leuchten wie das Kürbislicht.") auf, das die Landschaft der Kindheit mit den Malen des Zerfalls überschreibt:

> Wenn es dunkel wird, tragen die Kinder ihre gruseligen besoffenen Kürbislichter durchs Dorf.
> Den Kürbissen wird das Mark ausgeschabt. In das Gehäuse werden zwei Augen, eine dreieckige Nase und ein Mund geschnitten.
> In das Kürbishaus wird eine Kerze gestellt. Die Flamme leuchtet durch Augen-, Nasen- und Mundlöcher.

---

[13] Herta Müller selbst vermerkt dazu gesprächsweise: „Beim Lesen dieser Stelle ist mir das Wort ‚Niederungen' aufgefallen, und das erschien mir dann sehr treffend für den Text. Es bezieht sich auf die Banat-Ebene. Eine Niederung ist noch tiefer als eine Ebene. Und es bedeutet im übertragenen Sinn das niedrige Bewußtsein, die niedrige Beschäftigung, das Abgegrenztsein, das Nicht-in-die-Höhe-blicken-Wollen und das Nicht-über-sich-hinaus-schauen-Können." (Mir erscheint jede Umgebung lebensfeindlich [Anm. 8].)

[14] Der Schrecken des Todes wird im konventionalisierten Trauerverhalten (Anlegen der Trauerkleidung, ritualisiertes Klagen, Sitzordnung im Sterbehaus) aufgefangen. Vgl. dazu N 62f. Das Begräbnisritual wird besonders prägnant beschrieben in dem Text „Überall, wo man den Tod gesehen hat. Eine Sommerreise in die Maramuresch", besonders S. 111f.

> Die Kinder schaukeln die abgeschnittenen Köpfe durch die Dunkelheit. Sie laufen weinend in die Häuser. Die Erwachsenen gehen vorbei. [...] Die Landschaft löst sich auf in Dämmerung. Die Fenster unserer Häuser leuchten wie das Kürbislicht. Der Arzt wohnt weit. Er hat ein Fahrrad ohne Licht und bindet sich die Taschenlampe an den Mantelknopf. Ich weiß nicht, welches der Arzt und welches das Fahrrad ist. Der Arzt kommt viel zu spät. Mein Vater hat seine Leber ausgekotzt. Sie stinkt dort im Eimer wie faule Erde.
> Meine Mutter schwebt mit übergroßen Augen vor ihm her und flattert mit ihrem riesengroßen Küchentuch Luft in sein Gesicht und weint.
> Im ausgehöhlten Kopf meines Vaters hat sich die Kerze zu Ende genarrt. [N 34f.]

Der Tod, dem die Statik des Tableaus in der Tiefentektonik des Textes korrespondiert, ist das geheime Gravitationszentrum dieser Erinnerungsprosa; letzter Ausdruck einer täglich erfahrenen Gewalt, hinter der sich das „Gesetz der Vernichtung"[15] als Abgrund auftut. Von ihm hat Peter Motzan als allgemeinem Prinzip in Herta Müllers Erzählkosmos in einer kritischen Würdigung der *Niederungen* gesprochen: „die Mutter gängelt und terrorisiert die Tochter, die Männer treten die Hunde tot, die größeren Kinder prügeln die schwächeren und kleineren, diese quälen die Katzen, die Katzen vertilgen Vögel und Mäuse, der Wurm frißt die Schlehen usw. Aggression und Angst hausen nebeneinander, ebenso wie Spiel- und Zerstörungstrieb".[16] Während die Menschen sachlich-nüchtern dem Töten nachgehen, kühl die überzähligen Jungkatzen ersäufen (N 70), dem Federvieh die Kehle durchschneiden (N 36f.) oder dem Kalb ein Bein zerschlagen (N 56), um die Schlachtgenehmigung zu erhalten, und bedenkenlos, wie die eine Spatzenbrut ausfegende Mutter (N 74f.) die Kreatur ihrem Ordnungswahn unterwerfen, herrscht in der Natur das Prinzip einer allgemeinen Gleichgültigkeit vor – auch sie kein Fluchtpunkt der idyllisierenden Utopie: „Gelang-

---

[15] Peter Motzan: „Und wo man etwas berührt, wird man verwundet." Zu Herta Müller: Niederungen. In: NL, 3/1983. S. 69.
[16] Ebd.

weilt beißt der Kater den Kopf [einer von der Mutter getöteten Maus] ab."
(N 28) Auf der Grenze zum Phantastischen erscheint in diesen Bildern des
selbstverständlichen Schlachtens und Tötens eine mitleidlose Welt, die das
Kind als Terror erfährt. Selbstquälerisch revoltiert es gegen die lakonische
Grausamkeit der Erwachsenen, die immer wieder als Schlächter der Schwächeren und Unschuldigen auftreten, indem es sich in die Rolle des Opfers,
der leidenden Kreatur hineinprojiziert. Des geschlachteten Schweins: „Ich
hörte das Schwein. Es stöhnte. / Sein Widerstand war so klein, daß die Ketten überflüssig waren. / Ich lag im Bett. Ich fühlte das Messer an meiner
Kehle." (N 31) – Der um ihr Kalb gebrachten Kuh: „Mutter brachte jeden
Mittag warme, kuhwarme Milch in die Küche. Ich fragte sie, ob auch sie
traurig wäre, wenn man mich ihr wegnehmen, mich schlachten würde. Ich
fiel an die Kastentür, ich hatte eine blaue Beule auf der Stirn, ich hatte eine
geschwollene Oberlippe und einen violetten Fleck auf dem Arm. All das
von der Ohrfeige." (N 59) – Der getöteten Spatzen: „Mutter steht noch
immer auf der langen Leiter. Die Sprossen drücken ihre Fußsohlen breit.
Mutter steht mit den Fußsohlen über mir. Sie zerquetscht mir das Gesicht.
Mutter stellt sich auf meine Augen und drückt sie ein. Mutter tritt mir die
Pupillen ins Weiße der Augen." (N 75)

Zugleich aber tritt das kindliche Wahrnehmungs-Ich der „Niederungen"
als handelndes Subjekt spielerisch selbst auch mit seinen Tötungsphantasien[17] oder bei der Schmetterlingsjagd in diesen Erfahrungsbereich der
Zerstörung ein:

> Wir jagen Kohlweißlinge mit zerbrechlichen Adern in den
> Flügeln. Wir warten auf ihren Schrei, wenn wir sie auf die
> Stecknadel spießen, doch sie haben keinen Knochen im

---

[17] Vgl. N 24: „Einmal nahm unsere Kuh mich auf die Hörner und sprang mit mir über den Graben. [...] Wo die Haut von meinen Knien abgeschürft war, brannte das Fleisch, und ich hatte Angst, daß ich vor so viel Schmerz nicht mehr am Leben bin, und gleichzeitig wußte ich, daß ich am Leben bin, weil es noch schmerzte. Ich hatte Angst, daß durch diese offenen Knie der Tod in mich hineinfindet, und ich legte rasch die Handflächen auf die Wunden. / Und weil ich noch am Leben war, kam der Haß. / Ich wollte ihren großen behaarten Bauch mit den Augen durchbohren, mit den Händen in ihrem heißen Gedärme wühlen, ihr bis zu den Ellbogen unter die Haut greifen."

Leib, sie sind leicht und können nichts als fliegen, und das
reicht nicht, wenn es überall Sommer ist.
Sie flattern sich auf der Nadel zu Leichen. (N 18)

Die sich auf den Nadeln „zu Leichen" flatternden Schmetterlinge sind Chiffren einer Unbeweglichkeit und Fixiertheit, aus der nur im Tod sich ein (der einzige) Ausweg eröffnet: das Reich der Freiheit ist in Herta Müllers Erzähltexten kein Bezirk des Lebens. Sind Sterben und Tod in der Erzählung „Niederungen" einerseits noch Elemente der subjektiven Wahrnehmung des Kindes, aus dessen Perspektive der Text geschrieben ist, sind sie andererseits zugleich auch Makrometaphern des kulturellen Absterbens, die die Wahrnehmungsperspektive des Textes auf den dörflichen Lebensraum bestimmen. Gleich zweimal wird am Ende der Erzählung das abgeschlossene Dorf mit einer geschlossenen Kiste, dem Sarggefängnis, assoziiert, das keinen Ausweg läßt: „Manchmal ist das Dorf eine riesengroße Kiste aus Zaun und Mauer. Großvater klopft seine Nägel hinein." (N 87)[18]

Das Kind selbst erlebt seine Umwelt unmittelbar im Zustand einer ausweglosen Abgeschlossenheit, die allein den Tod als vorstellbare Möglichkeit des Entkommens denkbar macht: „Ich stand da neben dem rauschenden Zug und schaute in seine Räder, und ich hatte das Gefühl, daß der Zug mir aus dem Hals herausfährt und es ihn nicht kümmert, daß er mir die Eingeweide zerreißt und ich sterben werde. Er führt seine schönen Frauen in die Stadt, und ich werde hier sterben neben einem Haufen Pferdemist, auf dem die Fliegen brummen." (N 77)

Das kurze Prosastück „Die kleine Utopie vom Tod" aus dem Band *Barfüßiger Februar* wirft Licht auf diese Fluchtperspektive in den Tod. In einer kunstvollen Rollenprosa, die zwei Stimmen (Großmutter und Erzähler-Ich/Enkelin) miteinander verschmilzt, erinnert der Text stellvertretend für das Leben der Frauen in der ländlichen Enklave die Biographie der toten Großmutter. Dabei fällt aus der Perspektive der dem Zugriff des Mannes

---

[18] Die Formulierung wird wenige Seiten später noch einmal aufgenommen: „Das Dorf steht wie eine riesengroße Kiste aus Zaun und Mauer in der Gegend." (N 91) Durch den Vorgang des Nägeleinschlagens ist diese Stelle kurzgeschlossen mit der Beschreibung eines Begräbnisses kurz danach: „Zuerst wollte der Sargdeckel nicht zugehen, so daß sie mit dem Hammer darauf schlugen." (N 93)

hilflos ausgesetzten Frau, über die reine Frauenproblematik hinausweisend, ein ernüchternder Blick auf einen ausweglosen Kreislauf des Todes als Lebensform des Dorfes, der bereits mit der Geburt beginnt. Gegen ihren Willen wird die Großmutter als blutjunges Mädchen mit einem Mann verheiratet, der sie wie seinen Acker in Besitz nimmt[19], und sie bringt statt des erhofften Sohnes ein Mädchen zur Welt, an das sie die „Einsamkeit" der Frauen weitergibt:

> Ich sah das Kind an und ich sah auf seinem Gesicht die feinverzweigten Einsamkeiten aller, die in kleinen und geduckten Häusern lebten. In blauen Aderkränzen flossen meinem Kind die Einsamkeiten über das Gesicht. An seiner Schädeldecke pochte die Einsamkeit des Selbstmordes der jungen Magd, an den Schläfen zuckte die Einsamkeit des Brotbackens meiner halbgelähmten Tante, über die Wangen schlich die Einsamkeit des Knopfannähens meiner tauben Großmutter und um die Lippen schimmerte die Einsamkeit des endlosen Kartoffelschälens meiner scheuen Mutter. [...] An der Kinnspitze des Kindes strahlte ein lebender und heißer Fleck. Der war die Einsamkeit meines Körpers im Gebären. Und wo das Strahlen zu mir reichte und mich verbrannte und mich kühlte, war der Fleck die eigne Einsamkeit des Kindes, das, obwohl es atmete, die Welt nicht fand. (BF 40f.)

Mit der unschuldigen Grausamkeit der Märchen zeichnet die Hebamme diesem Kind seinen Lebensweg in den Tod und damit die Restutopie derjenigen vor, denen das Leben nichts zu bieten hat. Aus der Liebe zu den Toten, wie sie Windisch und Katharina in *Der Mensch ist ein großer Fasan auf der Welt* kennzeichnet, wird hier nun die Liebe zum Tod:

---

[19] Über die Hochzeitsnacht heißt es: „Er stieg auf mich. Ich spürte unter meinem Bauch ein hartes Feld. Großvater hetzte über seine Erde und er pflügte mich. Als er stockend keuchte, wußte ich: Jetzt streut er seinen Gurkensamen aus." (BF 38) Ein von der jugendlichen Großmutter wenige Tage später aufgefundenes mißbrauchtes Huhn mit zerrissenem After, mit dem sie sich, zerrissen durch den Geburtsvorgang später identifiziert, wirft ein bezeichnendes Licht auf diesen Vorgang.

> Dein Kind ist kräftig und gesund, aber der Schnee ist tief in diesem Jahr. Und weil dein Kind in diesen Schnee, und nachts, und in den ersten wunden Tagen eines neuen Jahrs geboren worden ist, wird es traurig in den Knochen sein und tiefsinnig durchs Leben gehn. Im Winter wird es frieren und in den Sommer wird es nicht gehören und viel schlafen. Und träumen wird es, daß die Hitze schreit. Und mehr als alle Menschen, die es gibt, wird es die Menschen lieben, die es nicht mehr gibt, die Erde, die man in der Stirn trägt, wenn man in Gedanken gräbt, die Erde wird es lieben, die unter der Erde liegt. (BF 41)

Vor diesem Leben bleibt nur der – die Frauen verbindende – (vergebliche) Wunsch nach dem Tod als Ende, den die Großmutter bereits am Tag ihrer Hochzeit ausspricht: „Ich schaute auf meinen Finger mit dem glatten Gold und sagte leis, um nicht zu merken, daß ich Lippen hab: Ich möchte sterben. Die schlafwandelnde dürre Frau fächelte mit dem Lilienstrauß vor ihrem weggeschwemmten Mund den Dunst und sagte unter ihrem dichten Haar: Ich auch." (BF 37) Mit der Geburt der Tochter verselbständigt sich, wie William Totok in einer Rezension zu dem Prosaband *Drückender Tango* schreibt, das sinnlose Leben: „Die Geburt ist der erste Akt, praktisch die Vorbereitung für das quälend einsetzende Sterben."[20]

III.

In „Niederungen" sind Tod, Gewalt und Sterben nur Bausteine in der ihre Schatten vorauswerfenden Kette des kollektiven Absterbens, der in den Todeszeichen mittelbar gespiegelten Erosion des dörflichen Lebens im Banat in den späten fünfziger und den sechziger Jahren. Hingegen stellt die unmittelbar in der Gegenwart der achtziger Jahre angesiedelte Erzählung *Der Mensch ist ein großer Fasan auf der Welt* das Moment einer unmittelbaren Heterochronie in den Mittelpunkt, mit dem die Erfahrung der End-

---

[20] William Totok: Das Dorf irgendwo in der Heide. In: NBZ, 9.12.1984. Dieser nur in Rumänien erschienene Prosaband enthält bereits die Erzählung „Die kleine Utopie vom Tod".

lichkeit zentral wird. Konsequent wird die in den Erzähltexten des Bandes *Niederungen* geschilderte stehengebliebene Zeit des Dorfes nun als „stehende Zeit" (F 5) thematisiert, die mit der Vorstellung des Abschieds verbunden ist. Der Tod als ens realissimum des Endes ist die zentrale Obsession dieser Erzählung, die das Dorf als absterbenden Lebens- und Kulturzusammenhang sieht. Die Zeichen des Todes schreiben sich in diesem Text gleichermaßen der Natur- und Alltagswelt wie dem Denken der Menschen und ihren Träumen ein. Mit lakonischer Nüchternheit fängt die Erzählung, in der Agnes Hüfer zu Recht „eine einzige Todesmetapher"[21] gelesen hat, die transitorische Existenz des sich entleerenden Dorfes ein, das in drei Richtungen zugleich verlassen wird: in die Stadt, in den Westen, in den Tod.

Eine antiidyllische Metapher der Starrheit und des (gewaltsamen) Todes leitet den Text ein, der vom Weggehenwollen und den demütigenden Umständen des Wartens auf das Weggehendürfen erzählt: „Um das Kriegerdenkmal stehn Rosen. Sie sind ein Gestrüpp. So verwachsen, daß sie das Gras ersticken." (F 5) Nicht zufällig klingt in diesen ersten Sätzen der Erzählung im Bild der stillgestellten Zeit das Märchenmotiv der Rosen- oder Dornenhecke an; es ist – deromantisierende – Leseanweisung, die die Blickrichtung des Textes vor-schreibt: als – schwarzes – Märchen des „Todlebens"[22], Parabel des Absterbens und des Untergangs, in dessen Mittelpunkt der Müller Windisch steht, der seit mehr als zwei Jahren vergeblich auf die Pässe wartet, die ihm und seiner Familie die Ausreise in die Bundesrepublik ermöglichen. Die mit dem Eingangsbild eröffnete Metaphorik des Endes wird aufgenommen in den ersten, unmittelbar mit dem Müller Windisch verbundenen Sätzen, mit denen Herta Müller die Entzeitlichung des Raums zugleich als Bruch in der Wahrnehmung desjenigen beschreibt, der weggehen will: „Jeden Tag, wenn Windisch von der tiefen Stelle gerüttelt wird, denkt er: ‚Das Ende ist da.' Seit Windisch auswandern

---

[21] Agnes Hüfer: Ohne Zeiger ist die Zeit. Herta Müllers Erzählung vom Warten und Ausreisen. In: SZ, 14./15.6.1986.

[22] Dieses Bild nach einer Metapher aus Klaus Hensels Gedicht „Zwischen allen Stühlen" (Oktober Lichtspiel. Frankfurt/Main 1988. S. 72). Die Märchenstruktur selbst wird unterstrichen durch die Typisierung des Personals (Müller, Nachtwächter, Milizmann, Pfarrer, etc.).

will, sieht er überall im Dorf das Ende. Und die stehende Zeit, für die, die bleiben wollen." (F 5)

Diese stillgelegte und entglittene Zeit, die nicht nur als unerträgliches Gleichmaß erfahren wird, sondern auch als ablaufende Frist und in solcher Weise, wie die zahleichen Todesbeschreibungen in der Erzählung zeigen, mit der natürlichen Finität des Lebens in Verbindung gebracht wird, ist gespiegelt im traditionellen Bild der „Uhr ohne Zeiger": Metapher des Stillstands und der verlorenen Utopie (Hoffnung) zugleich. Von Windisch, der bei einem seiner nächtlichen Gänge durch das Dorf in das Fenster eines Nachbarn schaut, der sich bereits auf die Ausreise vorbereitet, heißt es so:

> Neben dem Kachelofen hat die Wanduhr einen langen weißen Fleck geschlagen. Neben dem Kachelofen hängt die Zeit. Windisch schließt die Augen. „Die Zeit ist zu Ende", denkt Windisch. Er hört den weißen Fleck der Wanduhr ticken und sieht das Zifferblatt aus schwarzen Flecken. Ohne Zeiger ist die Zeit. Nur die schwarzen Flecken drehen sich. (F 19)

Dieser stillgestellten Zeit setzt Windisch die Utopie der Ausreise entgegen. Sie ist die Utopie im Kopf, die ihn der Misere seiner Lebensumstände entreißen soll: „Windisch hört seine Schläfen klopfen und denkt: ‚Mein Kopf ist eine Uhr.' Er steckt die Schlüssel in die Tasche. Der Hund bellt. ‚Ich werde sie aufziehn, bis die Feder reißt', sagt Windisch laut." (F 7) Windisch begehrt auf gegen die tiefe Resignation seiner Mitbewohner, die sich – darauf zielt die titelgebende Metapher der Erzählung – als ewige Verlierer auf der Welt erfahren („Leise und kauend sagt der Nachtwächter: ‚Der Mensch ist ein großer Fasan auf der Welt.' Windisch hebt den Sack und legt ihn aufs Fahrrad: ‚Der Mensch ist stark', sagt er, ‚stärker als das Vieh.'" [F 8]), und muß sich doch am Ende bis zum letzten erniedrigen, um das ersehnte Ausreisedokument zu erhalten. Zuletzt hat auch er seine Lektion gelernt: „Mit nackten Augen und mit dem Stein in den Rippen sagt Windisch laut: ‚Der Mensch ist ein großer Fasan auf der Welt.' Was Windisch hört, ist nicht seine Stimme. Er spürt seinen nackten Mund. Und gesprochen haben die Wände." (F 84). Zyklisch wiederholt sich die Geschichte der Verlierer. Wie seine Frau Katharina sich in der Zeit der Deportation in die

Sowjetunion prostituieren mußte, um überleben zu können (und sich nun aus Ekel ihrem Mann verweigert), muß sich seine Tochter Amalie prostituieren – sie muß mit dem Milizmann und dem Ortspfarrer schlafen, um die gewünschten Formulare zur Paßausstellung zu bekommen –, um das (geträumte) Leben der Familie im Westen zu sichern. Zyklisch auch der Epilog der Erzählung: im (für die Zurückgebliebenen) Feldgrau der Besiegten kehren die Windischs als Besucher in der Pose des Siegers in das Dorf zurück.

Der Entzeitlichung des Raums korrespondiert eine Mythisierung der Landschaft. Das Dorf erscheint als aus der Zeit gefallene Welt, die bis in die erwähnten Dorflegenden hinein vom Tod geprägt ist: der seine eigene Frucht verzehrende Apfelbaum, die frühzeitig ihr Laub verlierende Akazie, die tötende Dahlie und der Flug der Eule, die demjenigen den Tod bringt, auf dessen Haus sie sich niederläßt. Als mythischer Todesvogel (wie in der Erzählung „Drosselnacht" die Drossel) und Symbol des drohenden Endes, das die gesamte Erzählung leitmotivisch durchzieht, steht die Eule für eine poetische Entgeschichtlichung des Dorfes als Metapher eines grundlegenden Verlusts historischer Perspektive, die sich auch in anderen Texten Müllers beobachten läßt.[23] Diese Entzeitlichung wird unterstützt durch die Konstituierung des Textes aus einer Serie mehrerer, nur locker verbundener

---

[23] Peter Motzans vorsichtige Kritik an Müllers Dekonstruktionen der Dorfidylle geht an diesem Aspekt von Herta Müllers poetischem Verfahren vorbei. Streckenweise schlügen die Texte Herta Müllers aus zu einer „negativen Mythologie", die historische Prozeßhaftigkeit verunkläre. Dabei stellt allerdings auch Motzan die produktive Wirkung dieser Arbeit am Mythos durchaus nicht in Frage, wenn er schreibt: „In Herta Müllers Sicht sind das kompakte Selbstverständnis der Dorfgemeinschaft und deren etablierte Alltagspraxis in ihrem *Wesen* von der Geschichte nicht alteriert worden. Lebensgewohnheiten und Wertungsprinzipien perpetuieren und würgen das Andere ab. Ein statisches Sozialisationsmuster wird transparent. Was Anlaß zum Stolz und zur Überheblichkeit ist, erscheint im Gegenlicht, das dunkle Schatten hervorruft, im Gegenwind, der verdeckte Kehrseiten aufblättert. Die ‚Tugenden' enthüllen sich in ihrer Exklusivität als Vernichtung des Lebendigen: der Selbstbehauptungswillen als Selbstbezogenheit, der Arbeitseifer als Manie der Selbstbestätigung, der Ordnungssinn als gefühlsabtötender Starrsinn." (Peter Motzan [Anm. 15]. S. 68).

Nahaufnahmen, mit der die Linearität von Zeit sich auflöst in der Statik der Fläche.

IV.

Das zentrale Thema des Abschiednehmens aus der Erzählung *Der Mensch ist ein großer Fasan auf der Welt* begegnet wieder in den oft lyrisch gestimmten Prosastücken des Bandes *Barfüßiger Februar*. Tod, Suizid, verweigerte Geburt und das Zerbrechen der Menschen an einer feindlichen Umwelt sind die immer wiederkehrenden Themen dieses Bandes, der durch ein Epitaph auf den Freund und Schriftstellerkollegen Rolf Bossert eröffnet wird. Er hatte sich kurz nach seiner Ausreise in die Bundesrepublik durch einen Sprung aus dem Fenster das Leben genommen:

> Jetzt ist die Zeit gleich nach dem Tode eines Freundes.
> Die lange Reise war ein Schienenstrang, das Eisen der Behörden. Das Abteil fuhr. Die Scheibe hetzte Bilder. Nur der Kieferknochen war zerschlagen. Nur der Blick erfroren von der Kälte der Verhöre. Nur die Briefe und Gedichte nackt und ausgelacht.
> Die Ankunft war der Winter. Fremd war das Land und unbekannt die Freunde. Die Bäume zugeschnitten, kalter Februar.
> Darüber war ein Fenster. [...] (BF 5)

Der Text spricht vom Scheitern der Utopie, von der Unmöglichkeit der Flucht, des Entledigens der Erfahrungen, von Demütigung und körperlicher Tortur (der zerschlagene Kiefer), die Bossert getötet haben, längst bevor er seinem Leben selbst ein Ende setzte. Damit weist dieser Text voraus auf Herta Müllers bislang letzte Erzählung *Reisende auf einem Bein,* einem Text über das Wegfahren und Nicht-Ankommen, in dem das Todesmotiv auf den ersten Blick weitgehend zurückgenommen scheint. *Reisende auf einem Bein,* von Herta Müller dezidiert als Versuch beschrieben, von sich selbst abzugehen und durch das Schicksal der Übersiedlerin Irene eine kollektive Erfahrung literarisch zu verarbeiten[24], schildert den Zustand der Heimat- und Beziehungslosigkeit. Nicht zufällig sind häufige Schauplätze der Erzählung Bahnhöfe, Züge, Wartehallen und Hotels, bevölkert mit Menschen, die – ein Bild der Fremdheit und Verlorenheit – sich nur zufällig begegnen und dann wieder in der Anonymität verschwinden: „Und Menschen im Abteil, die zustiegen. Die aßen und schliefen. Die nichts von sich preisgaben. Die ausstiegen an großen Bahnhöfen, unschlüssig dastanden, eine Weile im Lärm. Die zögernd, zwischen Wartenden hindurch, in die Städte gingen." (R 166) Der Titel dieser Erzählung, die nur in den Anfangspassagen noch in Rumänien spielt und sich sonst ganz auf die Erfahrungswirklichkeit der Bundesrepublik einläßt, ist Chiffre einer transitorischen Existenz im Niemandsland: „Reisende, dachte Irene, Reisende mit dem erregten Blick auf die schlafenden Städte. Auf Wünsche, die nicht mehr gültig sind. Hinter den Bewohnern her. Reisende auf einem Bein und auf dem anderen Verlorene." (R 92)

Herta Müllers Protagonistin Irene selbst lebt in einem Stadium der Vorläufigkeit[25], der ihre Verunsicherung durch die Macht der auf sie einstürzenden Wirklichkeitsbilder, aber auch ihr Nichtangekommensein verdeutlicht. In der Spanne zwischen dem Warten auf den Paß, der ihre Ausbürgerung (aus dem namentlich nicht genannten Rumänien) besiegelt, und der Aushändigung der neuen Einbürgerungsurkunde (durch den Senat der namentlich nicht genannten Stadt Berlin) macht sie die Erfahrung einer anhaltenden Fremdheit, die den geographischen Ortswechsel unbeschadet übersteht. Irene, die von den drei Männern, mit denen sie sich einläßt, gleichermaßen verraten wird – von dem Studenten Franz, der ihre Sehnsucht nicht

---

[24] „Ich wollte mit der Person Irene von mir selber weggehen und verallgemeinern. Aus diesem Grund habe ich beispielsweise vermieden, Rumänien im Buch zu nennen. Ihr Situation trifft auf viele zu, die etwa aus Ländern aus dem Osten hierherkommen. Ich hätte am liebsten auch die politischen Gründe des Weggehend von Irene ausgespart, aber das konnte ich nicht, ich habe gesehen, daß ich ohne diese politische Dimension nicht auskomme." (Die Weigerung, sich verfügbar zu machen. Herta Müller und Richard Wagner im Gespräch. In: Zitty, 26/1989. S. 68.)

[25] Darum kauft sie sich beispielsweise auch nur ein Gästebett (vgl. R 41); Irene fühlt sich nur als Gast, nicht als jemand, der an seinem Wohnort zu Hause ist.

erfüllt, von dem Homosexuellen Thomas, der mit ihr schläft, ihre Intimität aber verrät, und von dem Soziologen Stefan, der ihr dieses Verhältnis aus Eifersucht zynisch vorhält und ihre Gesprächsbasis zerstört –, erfährt in der Fremde den Verlust ihrer Mitte. Die auf sie einstürzenden Erfahrungen lähmen sie und machen sie handlungsunfähig.[26] Auch der Versuch einer Aneignung der Wirklichkeit durch das gemachte Bild – sie fertigt Zeitungsausschnittcollagen an, die getrennte Dinge in neue kommunikative Beziehungen versetzen sollen – kann diesen Zustand nicht aufheben. Woran ihre Ankunft scheitert, ist nicht zuletzt die Beziehungslosigkeit der Menschen, die unfähig zu wirklichen Bindungen sind. Dies gilt primär für Irenes drei Geliebte. Franz panzert sich aus Angst vor der Stille mit dem Alltagslärm, um sich und seinen Gefühlen ausweichen zu können, Thomas ist unfähig zu dauerhaften Verbindungen und Stefan betrügt diejenigen, die er liebt oder zu lieben vorgibt. Die in den psychischen Verkrüppelungen der Irene umgebenden Männer gespiegelten gesellschaftlichen Deformationen, in Rumänien offen sichtbar, bleiben in den reichen Industriestaaten unter der Oberfläche und eröffnen sich in ihrer erschreckenden Banalität erst dem fremden Blick der aus einem anderen Kulturkreis Zugezogenen, ohne die Ursachen und Gründe unmittelbar preiszugeben: „In dem anderen Land, sagte Irene, hab ich verstanden, was die Menschen so kaputtmacht. Die Gründe lagen auf der Hand. Es hat sehr weh getan, täglich die Gründe zu sehn. [...] Und hier, sagte Irene. Ich weiß, es gibt Gründe. Ich kann sie nicht sehn. Es tut weh, täglich die Gründe nicht zu sehn." (R 130)

Der Tod als Thema begegnet in dieser Erzählung nur ganz am Rande; aber er ist mit der neuen Wirklichkeit der Bundesrepublik als Gegenstand des Erzählens (noch) nicht rest-los abgeschrieben. Als geheimer Fluchtpunkt des Erzählens bleibt er virulent in den Grabphantasien der Erzählfigur Irene, die über den vordergründigen Verweis auf die Uneinholbarkeit

---

[26] Gesprächsweise hat Herta Müller dazu erklärt: „Irene wird von ihren Beobachtungen im fremden Land handlungsunfähig gemacht. Weil sie gar nicht anders kann, als die kleinen Dinge, die sie tut, ständig zu sezieren, sich selbst dauernd zuzuschauen, kann sie mit ihnen nicht mehr selbstverständlich umgehen. Sie wird dadurch lebensunfähig und sie weiß es auch." (Die Weigerung, sich verfügbar zu machen [Anm. 24]. S. 69.)

zweier unterschiedlicher Arten der Wahrnehmung auf den Tod unmittelbar zielen:

> Die geparkten Autos waren mit großen, gelben Blättern bedeckt. Die Dächer der Autos, die Kofferräume und Scheiben. [...]
> Vor einem der geparkten Wagen blieb Irene stehen. Sie sagte:
> Die sind wie Gräber. [...]
> Seltsam, sagte Franz, daß du, wenn du Blätter siehst, an Gräber denkst. [...]
> Ein Wagen parkte.
> Die geparkten Autos sind wie geschmückt, sagte Franz.
> Aus dem Wagen stieg eine Frau. Sie schlug die Tür zu.
> Das eine ist mein Bild, das andere ist dein Bild, sagte Irene. Dazwischen gibt es nichts. (R 85f.)

Und:

> Wenn Irene an Astern vorbeiging und allein war, dachte sie jedesmal: Man müßte in dieser Stadt eine Blumenvase haben oder ein Grab. (R 139)

Beide Wahrnehmungen Irenes sind aus der Erinnerung geschöpft, beziehen ihre Spannkraft aus dem Bezug auf die Wirklichkeitserfahrung nicht der Bundesrepublik, sondern Rumäniens. Im Kontext der im scheiternden Ost-West-Transit erfahrenen Fremdheit binden sie die Todesthematik zurück an die zurückliegende, wie auch immer gebrochene Erfahrung von Heimat, die verlassen aber nicht abgeschüttelt ist, so wie Rolf Bossert sie nicht hat loswerden können. In einem ihrer Essays schreibt Herta Müller: „Die Beziehung zwischen einem Land und einer Person, die darin lebt, ist die, dass das Land über die Person hinwegrollt. Das ist ein Gewicht, das man annimmt, auch wenn man es nicht erträgt. Man trägt dieses Land: an den Fussohlen, an den Fingerspitzen, im Nacken und an der Kehle."[27] Die festhaltende

---

[27] Herta Müller: Zwischen den Augen zwischen den Rippen. In: Du, 12/90. S. 123.

Heimat, das „Land, das an den Fingern reißt, wenn man den Koffer hebt" (BF 49) aber bringt den Tod auch in der veränderten Wirklichkeit auf veränderte Weise wieder ins Spiel.

Bernhard Doppler

Die Heimat ist das Exil. Eine Entwicklungsgestalt ohne Entwicklung. Zu *„Reisende auf einem Bein"*

Liest man Herta Müllers Pläne zu *Reisende auf einem Bein*, wie sie sie zu Beginn des Jahres 1989 in einem Gespräch mit Walter Vogel skizziert hat[1], dann erkennt man die im Herbst des gleichen Jahres im Rotbuch-Verlag erschienene Erzählung nicht sogleich. Platt und sehr verkürzt scheint nämlich die Autorin ihre eigene Erzählung vorzustellen: Eine Geschichte über vier Personen ohne Entwicklung, wie sie betont; Allerweltsthemen, wie Fremdheit und Einsamkeit, die über Beziehungsgespräche erörtert werden sollen, und im Zentrum das Zerbrechen einer Ehe im neuen Land nach einer gemeinsamen, aber nicht gleichzeitigen Ausreise der Ehepartner. Der im Gespräch skizzierte Schluß stimmt allerdings teilweise wortwörtlich mit der späteren Erzählung überein. Von diesem Schluß sollte zunächst auch der Titel kommen: Bewohner mit Handgepäck.

> Ich habe das Buch nicht fertig geschrieben, aber ich weiß jetzt, wo es aufhört, was mit der Person geschieht – nämlich gar nichts. „Irene" hat einen Ehemann, der vor ihr ausgereist ist. Und als sie hier ankam, sagte er ihr, daß sie für ihn eine Fremde sei. Dann hat sie eine Beziehung zu einem Schwulen und einem anderen Mann, der in einer anderen Stadt lebt, der Student ist. Über diese drei Beziehungen werden die Gespräche getragen und die Thematik wird dadurch auch zusammengehalten. Dazwischen immer wieder zeitweilig die Einsamkeit, weil die Beziehungen eigentlich alle nicht funktionieren. / Irene wünscht sich zuletzt, mit einem Zug weit wegzureisen, zusammen mit Leuten im Abteil, die nichts von sich preisgeben, die essen, schlafen und aussteigen, an den großen Bahnhöfen immer ein bißchen unsicher zwischen den Wartenden stehen und dann in die Städte verschwinden. Und wenn sie verschwunden sind, weiß Irene nicht, wer sie gewesen

---

[1] Bewohner mit Handgepäck. Aus dem Banat ausgewandert – Die Schriftstellerin Herta Müller im Gespräch. In: DP, 7./8.1.1989.

sind, sondern kann höchstens im Nachhinein Vermutungen darüber anstellen, was sie jetzt wohl in dieser Stadt machen. [...] „Bewohner mit Handgepäck" wäre ein möglicher Titel.[2]

Gegenüber diesem ursprünglichen Titel „Bewohner mit Handgepäck" wirkt der schließlich gewählte *Reisende auf einem Bein* weniger harmlos. Hatte „Bewohner mit Handgepäck" noch an eine generelle Romantisierung von Heimatlosigkeit und Nomadenleben denken lassen, so läßt sich der neue Titel als weiblicher Singular auch auf die Heldin, auf Irene allein, beziehen. Darf sie am Ende nur mehr auf einem Bein hüpfen, vielleicht grausam amputiert oder so wie es bei Kinderspielen verlangt wird? Wie gezeigt werden soll, akzentuiert der neue Titel den spezifischen Charakter von Herta Müllers Aussiedlergeschichte. Auch von der geplanten Ehethematik findet man in der endgültigen Fassung nichts. Irene war aus dem „anderen Land" abgereist, allein, und doch wollte sie zu zweit mit ihrem fremden Freund, den sie kurz vor der Ausreise kennen gelernt hatte, ankommen. Aber alles „war umgekehrt. Ich war zu zweit abgereist. Angekommen bin ich allein." (R 126)

Es ist zunächst das Datum der Veröffentlichung, der Spätherbst 1989, die Zeit der revolutionären Veränderungen in Mittel- und Osteuropa, welches *Reisende auf einem Bein* in seiner Aussiedler- und Übersiedlerthematik sehr aktuell haben erscheinen lassen. Ähnlich vielen ihrer mitteleuropäischen Kollegen in der Spätphase der sozialistischen Gesellschaften versteht sich auch die Schriftstellerin Herta Müller als öffentliche Person – durch ihr bloßes Auftreten das Projekt einer „civilen Gesellschaft" einklagend.[3] Doch auch noch für den Westen, wenngleich pervertiert, wurde ihr Verhalten, wurde ihre Ausreise zum öffentlichen Vorgang. Klaus Rimpel meldet den Lesern der „Westfälischen Rundschau" am 17.4.87 den Ausruf der übersiedelten Herta Müller: „Die Hektik des Westens tut gut"[4], und weiß noch

---

[2] Ebd.
[3] Vgl. Timothy Garton Ash: Gibt es Mitteleuropa wirklich? In: Kontinent, 2/1988. S. 26-40.
[4] Klaus Rimpel: „In Rumänien hat sich nichts mehr bewegt". Gespräch mit Herta Müller und Richard Wagner. In: WR, 16./17.4.1987.

darüber hinaus zu berichten: „Richard Wagner sieht dabei in seinem Trainingsanzug so aus, als ob er sich in seiner neuen Heimat durchaus wohlfühlen könnte".[5] 1989 und 1990 wird Herta Müller als öffentliche Person von verschiedenen Zeitungen aufgefordert, den Sturz Ceausecus zu kommentieren, was bei ihr nicht ohne Distanzierung von westlichen Journalisten vor sich gehen wird. „Ich erschrecke vor dem großen Unterschied zwischen mir und diesen Stimmen: Sie haben keine Angst. Sie haben vieles nicht erlebt. Und vieles haben sie vergessen."[6]

Herta Müller hat wiederholt auf den Gegensatz von Schreiben und Leben, von Wirklichkeit und Erfundenem verwiesen und sich dabei gegen jede platte biographische Interpretation verwahrt. Dennoch soll die Erzählung zunächst auf ihren Bekenntnischarakter, auf die spezifische Konstellation rumäniendeutscher Literatur und die existentielle Situation ihrer Autorin reduziert werden. Im Kontext der Exilliteratur etwa steht Herta Müller in einem von Günter Kunert herausgegebenen Band.[7] Und auch im „Nachruf auf die rumäniendeutsche Literatur" wird die Frage, wie fruchtbar der Begriff Exil und Emigration für jene Schriftsteller sei, heftig diskutiert.[8] Sicherlich, ein erweiterter Exilbegriff, der sich nicht auf die Zeit während des Nationalsozialismus beschränkt, wird ja vor allem in der angloamerikanischen Forschung seit Paul Tabori schon des längeren benützt und Exilliteratur in jüngster Zeit sogar wie bei Chari Binstock mit Frauenliteratur gleichgesetzt, befindet sich doch die Frau als Frau nach Binstock in einer nach wie vor patriachalischen Welt per Geschlecht im Exil.[9] Trotz aller Wissenschaftlichkeit ist die Definition – bezeichnet sie eine Lebenshaltung – nicht frei von Emphase und auch methodisch nicht unproblematisch. Denn so wie die klassische Exilliteraturforschung der Versuchung einer

---

[5] Ebd.
[6] Herta Müller: Der Preis des Tötens. In: FAZ, 29.12.1989.
[7] Aus fremder Heimat. Zur Exilsituation heutiger Literatur. München, Wien 1988.
[8] Nachruf auf die rumäniendeutsche Literatur. Hg. von Werner Solms. Marburg 1990.
[9] Paul Tabori: The Anatomy of Exile. Semantic an Historical Study. London 1972. Chari Binstock: Woman of the Westbank. In: Mary Lynn Broe/Angela J. C. Ingram: Woman Writing in Exile. Chapelhill 1989.

erneuten Isolation der Emigrantendichtung während des Nationalsozialismus – wenn auch unter positiven Vorzeichen – nicht immer widerstanden hat, so fürchten auch rumäniendeutsche Autoren bisweilen durch derartige Zuschreibungen ihre Ausgrenzung verdoppelt zu sehen und damit wieder von der allgemeinen Literaturentwicklung separiert zu werden. „Die Heimat ist das Exil"[10], kontert Richard Wagner. Doch als Literatur „across cultures" ist die Frage nach dem Ort von Heimat und Fremde, nach dem Grad der kulturellen Aneignung des Fremden nichtsdestotrotz hermeneutisch produktiv.

Herta Müllers Erzählung *Reisende auf einem Bein* ist in mehrfacher Weise Exilliteratur, und nicht nur im übertragenen Sinn als Frauenliteratur. Auch wenn nur die ersten zwei Kapitel – meist in die Vorvergangenheit entrückt – in Rumänien spielen, die Erinnerung an das „andere Land" bestimmt die Erfahrungen Irenes in der Bundesrepublik. Sie wählt nicht nur das Bild des Reisenden; auch explizit von Ausländern, Heimat, Heimweh handelt die Erzählung an vielen Stellen. „Ausländerin im Ausland" nennt Irene in der Kneipe ein italienischer Gastarbeiter der zweiten Generation; doch nein, sie wäre nicht „heimatlos", gibt sie ihm trotzig zu verstehen (R 61). Es sind rumänisch sprechende Kinder und ein betrunkener Deutscher, der mit den Kindern und sich selber spricht, die als In- und Ausländer für die ausreisewillige Rumäniendeutsche auf eine Utopie von Nähe verweisen, die sich trotz Verboten sonst für sie kaum mehr einzustellen vermag. „Es war eine Nähe gewesen in zwei Sprachen, die sich nicht verstanden. Eine Nähe zu einem Ausländer. Eine Nähe, die verboten war." (R 10)

Nähe und Fremdheit – Heimat und Exil beziehen sich also mehrfach und meist in Paradoxa aufeinander. Christian Huther versteigt sich dabei in seiner Kritik sogar zur Feststellung, „man zweifelt, ob sich die Protagonistin Irene wirklich auf bundesdeutschem Gebiet bewegt."[11] Die Verhaltensweise der Menschen in der neuen Fremde erinnern Irene zwar an die Heimat, aber gerade das macht sie noch fremder. „Da die fremden Personen

---

[10] Entstehung und Auflösung einer literarischen Gruppe. Podiumsdiskussion. In: Nachruf auf die rumäniendeutsche Literatur [Anm. 8]. S. 287.
[11] Christian Huther: Kalt klirrende Sätze. Herta Müllers Erzählung „Reisende auf einem Bein". In: GA, 11.10.1989.

vertraute Personen im Kehlkopf trugen, waren sie nicht bloß Fremde. Sie waren fremder als Fremde." (R 25) „Irene weigerte sich, an Abschied zu denken." (R 166) So schließt die Erzählung; es sei eine Formel, meint Sibylle Cramer im „Tagesspiegel" vom 11.10.1989, „für eine Ankunft, die eigentlich nicht stattgefunden hat."[12] Irene bleibt Fremde.

Reisende auf einem Bein thematisiert somit existentielle Erfahrungen, wie sie in der spezifischen Situation des Exils und des Umsiedelns erlebbar werden. Wenn Irene dabei immer wieder neben ihrer Existenz steht und von der ‚anderen Irene' (z. B. R 18) spricht, ist das wohl weniger ein „blindes Motiv", wie in der Literaturkritik montiert worden ist[13], sondern entspricht dieser konkreten Konstellation. Bilder, die sich Photographen oder verhörende Personen – auch im Westen – von Irene machen wollen, brechen sich ja mit ihren eigenen Entwürfen. Das Schild „Irene", das Erkennungszeichen am Flughafen, akzeptiert sie nicht. Lieber will sie sich selbst beim Ankommen zusehen, wobei ihr Bilder von falscher Wärme mit dem Diktator einfallen. (R 23-25) „Keine Rubrik hätte mich beschreiben können, dachte Irene" (R 28), als sie beim Bundesnachrichtendienst befragt wird. Der rumäniendeutsche Schriftsteller Dieter Schlesak hat auf die Vermischung von Literatur und Verhörpraxis bei seiner Arbeit an der biographischen Identität hingewiesen, denn immer wieder hätte das Regime mit Gewalt erzwungen, den Lebenslauf neu zu entwerfen.[14] Auch Herta Müllers Poetologie läßt sich an verschiedenen Stellen auf jene politische Situation zurückführen. Ihr „Sich-Erfinden der Wahrnehmung" ist von sozialer Angst, von Täuschung, von Sich-Verstecken, von Untertanendenken bestimmt, wie es der deutsche Frosch der Dorfgemeinschaft, wie es aber auch der Staat erfordert. Und den anderen Diskurs des Allein-Seins führt auch der, der vor einem Verhör bestehen will und sich etwas vorspricht.[15]

Von der existentiellen Situation eines ankommenden Aussiedlers, wenn auch über die Rolle des Schriftstellers Stirner vermittelt, berichtet auch eine

---

[12] Sibylle Cramer: Auf den Flügeln des Gefühls westwärts. Herta Müller. „Reisende auf einem Bein". In: Tsp, 11.10.1989.
[13] Ebd.
[14] Dieter Schlesak: Analyse meiner Selbstbiographie. In: Nachruf auf die rumäniendeutsche Literatur [Anm. 8]. S. 160-180.
[15] Vgl. T 13-15.

andere Erzählung, Richard Wagners „Begrüßungsgeld", ebenfalls 1989 erschienen; fast liest sich die Erzählung wie ein Sachbuch zum Thema „Wie wird man Deutscher im Sinne des Grundgesetzes" und obendrein noch wie ein Entwicklungsroman, denn nach großen Schreibblockaden kann Schriftsteller Stirner am Ende der Geschichte wieder seinem Beruf nachgehen: plötzlich kann er schreiben, und die Raster seiner Wahrnehmung funktionieren wieder. Stirner ist im Gegensatz zu Irene angekommen. „Begrüßungsgeld" notiert die sprachlichen Unsicherheiten und Selbstvergewisserungen des Helden, den Umgang mit seinem Verfolgungswahn und seinen Verlassenheitsgefühlen; das dem Bundesdeutschen Vertraute erscheint Stirner fremd, es muß erst eingeübt werden. Doch relativiert das Buch kaum Stirners bisweilen wehleidige Ressentiments und sein nörgelndes Mißtrauen gegenüber der ihm neuen Konsumgesellschaft. „Begrüßungsgeld" überzeugt indirekt: als Psychogramm eines Emigranten.

Wagners Held Stirner ist gemeinsam mit Ehefrau Sabine aus Rumänien ausgereist. Über diese Ehefrau und ein Foto ihres Vaters kommt die Erzählung auch auf die nationalsozialistische Einstellung der Banater Schwaben zu sprechen. War man im Exil, nicht zugleich auch vom alten „deutschen Reich" heimgeholt? Und was hatte man damit zu tun?

> Wie jung er war, sagt Sabine.
> Sie hielt das Foto in der Hand. Das Foto zeigte ihren Vater in SS-Uniform.
> Er war siebzehn, sagt Stirner.
> Ein junger Mann in einer Uniform, die sie aus Filmen kennen.[16]

Auch Irene in *Reisende auf einem Bein* hat, wenn sie über den Nationalsozialismus nachdenkt, zunächst ein Photo in der Manteltasche getragen, das Photo des toten Politikers, für den Leser leicht als Uwe Barschel, den ehemaligen CDU-Ministerpräsidenten Schleswig-Holsteins, identifizierbar. Irene zerknüllt es plötzlich und läßt es in den Papierkorb fallen:

---

[16] Richard Wagner: Begrüßungsgeld. Eine Erzählung. Frankfurt 1989. S. 62.

> Dann fing Irene das Gefühl ein, es könnte plötzlich alles anders werden in der Stadt. Die alten Frauen mit den weißen Dauerwellen, polierten Gehstöcken und Gesundschuhen könnten plötzlich wieder jung sein und in den Bund Deutscher Mädchen marschieren. Es würden lange, fensterlose Wagen vor die Ladentüren fahren. Männer in Uniformen würden die Waren aus den Regalen beschlagnahmen. Und in den Zeitungen würden Gesetze erscheinen wie in dem anderen Land. (R 49)

Richard Wagners Umsiedlergeschichte „Begrüßungsgeld" läßt sich an vielen Stellen wie ein Exposé lesen, von dem sich sie Wahrnehmung Herta Müllers erst erfindet. Während Wagner in tagebuchartigen Notizen seine Eindrücke ordnet, entfalten Müllers Bilder sehr schnell ihre Eigendynamik.

> Wagner[17]: In diesen Tagen fiel öfter das Wort „Heiligabend". Er horchte dem Wort lange nach.
> Müller: Weihnachten, dachte Irene. / Es war, wie wenn man Eingeweide über Tannen hängt. (R 35)

Herta Müllers Thema, meinte Claudio Magris, „ist die erdrückende Fremdheit des Individuums gegenüber sich selbst", „doch sobald sie theoretische Überlegungen anstellt, verfällt sie manchmal wie übrigens auch ihre Vorbilder (Magris meint Thomas Bernhard, Peter Handke, Franz Innerhofer) in eine Stereotypie, die nicht frei von Arroganz ist."[18] Theoretische Überlegungen und Fiktion beziehen sich jedoch bei Herta Müller wechselweise aufeinander und sind bisweilen nicht auseinanderzuhalten. Ihre poetologischen Vorlesungen umkreisen Selbstzitate, im Mittelpunkt scheint auch hier die Bilderwelt der Erzählungen zu stehen. Andererseits ist die fiktionale Prosa voll von Theoretisierungen. Daß Wirklichkeit als „Collage" wahrgenommen werden kann, wird in *Reisende auf einem Bein* wiederholt als Motiv strapaziert; Irene verfertigt Collagen, in denen sie aus alten „Photos ein einziges fremdes Gebilde" (R 47) macht. Aber bereits wenn man nach

---

[17] Ebd. S. 114.
[18] Claudio Magris: Die Donau. Biographie eines Flusses. München 1988. S. 361.

der exponierenden Beschreibung der Küste die Übereinstimmung eines Verbotschildes mit dem psychischen Zustand der Heldin explizit gemacht wird („‚Erdrutschgefahr.' Die Warnung hatte in diesem losgelösten Sommer zum ersten Mal wenig mit der Küste und viel mit Irene zu tun." [R 7]), stockt man, der Naturschilderung ist die Unmittelbarkeit genommen. Eine Bevormundung des Lesers? Das Theoretisieren ist unmerklich zum Verhalten der Heldin geworden. Immer wieder beobachtet Irene sich selbst und relativiert sich dabei penetrant. „Seit ich hier lebe, ist das Detail größer als das Ganze. Das macht mir nichts aus. Nur den Dingen, die zeigen das nicht gern." (R 162)[19] Auch problematisiert sie des öfteren einzelne Worte, denn „sagen", so Herta Müller, betreffe Vergangenes, „sagen" heiße nicht mehr darin „leben". (T 10) „Es hätte eine Liebe sein können. Doch Irene hatte an den Tagen, als das geschah, zwischen den Abenden, nichts als das Wort Gewohnheit gefunden." (R. 10) Irene scheint alles besser zu wissen und mit ihrem Bestehen auf Unterschieden (z. B. R 26) hält sie sich auch die Personen immer wieder vom Leib. Die Kritik hat dies mitunter als Selbstgerechtigkeit abgetan. „Die Autorin spricht die anderen schuldig und sich frei" hatte Verena Auffermann schon an *Niederungen* moniert[20], und Sybille Cramer meint über Irene: „Sie ist wie alle Heiligen eine undurchdringliche Wahrheitsinstanz."[21]

Ein Zitat von Cesare Pavese „Und ich war nicht mehr jung" – es kehrt in der Erzählung wieder – hat *Reisende auf einem Bein* als Motto. Welches Alter hat die Heldin? Kindheit und Sich-Alt-Fühlen werden in der Erzählung oft thematisiert. Während sich Irene alt fühlt, aber das war sie auch schon als Kind, erscheint ihr andererseits Franz, obwohl vom Lebensalter jünger als sie, plötzlich älter.

> Franz war zehn Jahre jünger als Irene. Doch seine äußeren Regungen waren so präzise, daß sie alles überschritten, was er tat. [...] Das war es, was Franz älter machte als Irene. (R 125)

---

[19] Auch in T 26.
[20] Verena Auffermann: Das Glück frißt uns das Leben. Herta Müllers Erstling „Niederungen". In: FR, 9.6.1984. Beilage „Zeit und Bild". S. 3.
[21] Sibylle Cramer [Anm. 12].

> Ich glaube, daß ich sehr alt bin, hatte Irene eines Abends in dieser Kneipe zu Stefan gesagt. Ich glaube das seit zwanzig Jahren. Als ich zehn Jahre alt war, habe ich mich oft gefragt, wie bringt man die Zeit hinter sich, bis man zwanzig ist. (R 60)

„Außen alt und innen unmündig" – so urteilt Verena Auffermann[22], und für Günter Franzen in der „Zeit" vom 10.11.1989 ist Irene „die ewig Zwölfjährige", „das garstige Kind und die übelwollende Frau."[23] „Sie ist mit der Passivität der Rückständigen geschlagen." – „Ständig auf der Hut", habe sie den „bösen Blick", meint auch Katja Rauch.[24] Mit solchen Zuschreibungen wird Irene in die Nähe der Ich-Erzählerin von „Niederungen" gerückt, denn diese ist ja ein solches Kind mit dem „bösen Blick". Von jener Erzählperspektive datiert Franzen auch die Blickrichtung der Erzählung historisch zurück, in die „Pubertät der Republik", wie die fünfziger Jahre in Deutschland auch genannt wurden. „Reisende auf einem Bein" erscheint ihm nämlich wie „eine Strafexpedition in die lebensgeschichtlich längst bewältigten fünfziger Jahre".[25]

In der Tat spielen in dieser Erzählung Kinder eine zentrale Rolle. So wie sich Herta Müller in ihrer ersten Paderborner Poetikvorlesung von der magischen Seite der Kindheit distanziert, aber dennoch überzeugend von den Ängsten der Kinder das Sich-Erfinden der Wahrnehmung ableitet (T 9-13), so wehrt Irene – nicht ohne Rechtfertigungszwang – Kindheit einerseits ab (R 152) (Kinder sind ihr „unheimlich", weil sie sich noch entwickeln), andererseits zeigt sie sich von ihrer Grausamkeit und Gleichgültigkeit immer wieder fasziniert. Der Blickkontakt einer alten Frau mit einem Kind, das plötzlich verratene Einverständnis, denn das

---

[22] Verena Auffermann: Gefahr, ins Leere zu stürzen. Westdeutschland, gesehen mit den Umsiedleraugen Herta Müllers. Herta Müller: „Reisende auf einem Bein". In: SZ, 10.10.1989.
[23] Günter Franzen: Test the west. Herta Müllers Prosa „Reisende auf einem Bein". In: Die Zeit, 10.11.1989.
[24] Katja Rauch: Balanceakt im neuen Land. Herta Müller „Reisende auf einem Bein". In: NZZ, 23.11.1989.
[25] Günter Franzen [Anm. 23].

Kind wendete sich ab, führen von Anteilnahme über Verwunderung zum Haß.

> In den Augen der alten Frau lag Verwunderung. Die Streichhölzer in der Manteltasche der Mutter waren still. / Die Verwunderung war so deutlich wie eine Frage. Sie kroch der alten Frau übers Gesicht. Als sie den Mund erreichte, wurden die Wangen hart. Die Augen klein. Da war es Haß. (R 33)

In der alten Frau, aber auch im Aufmerksamkeit erheischenden und sich wieder entziehenden Kind könnte sich auch die Heldin selbst spiegeln. Und ein Kind ist es, das sie „Nutte" nennt.

> Die Kinder spielten wie stumme Figuren.
> Irene ging rasch. Spürte, wie ihre Wangen heiß wurden.
> Nutte, sagte der Junge. Zwei Mädchen hoben ihre Puppen vor das Gesicht und lachten.
> Irene blieb stehn. Sah unter den Röcken der Puppen seidene Höschen. Lieber eine Nutte als ein Faschist, sagte Irene und erschrak. Der Junge war nicht älter als fünf. Er wiederholte das Wort: Faschist. (R 153)

Der böse Blick verweist auf Verletztheiten und Haßgefühle. Eine latente, dafür umso wirkungsvollere Grausamkeit überlagert die meisten Bilder. Hier sind auch die weichen Traumbilder mit dem Diktator, der über Sommerblusen wie über Laub geht (R 19), der umarmt (R 24), der vor der Kälte außerhalb der Heimat warnt (R 19), zu nennen. Des öfteren imaginiert sich Irene ein Szenario, in dem Mord und Verbrechen lauern. „Und weiter unten, zwischen kahlen Bäumen hörte sich das Heulen wie ein Glücksgefühl der Sirene an: irgendwo in der Stadt floß Blut." (R 37) „Es war ein Bühnenbild für das Verbrechen" (R 30), heißt es bei jener Bahnsteigszene, in der das Kind und die alte Frau im Mittelpunkt gestanden waren. „An der Stelle, wo das Kind gestanden hatte, lagen Chips. / Es war eine Stille wie zwischen Hand und Messer gleich nach der Tat." (R 33)

Und auch entsprechen sich Fiktion und theoretische Überlegung. Denn Grausamkeit gilt auch für ihre Poetologie. „Der Eindruck, daß genaues

Hinsehen zerstören heißt, verdichtet sich mehr und mehr." (T 25f.) Und schon 1984: „Ich habe immer den Eindruck, daß etwas durch die Sprache zerfetzt werden muß."[26]

Im Gegensatz zu Richard Wagners „Begrüßungsgeld" ist R*eisende auf einem Bein* von Liebesgeschichten her strukturiert. „Kann Fremdheit durch Sexualität überwunden werden?", fragt moralisch Verena Auffermann[27], die Liebe finde kein Zuhause, alle Begegnungen Irenes mit Männern verliefen „kläglich". Irene suche Wärme und finde sie nicht. In solchen Zuschreibungen erinnert die Heldin von *Reisende auf einem Bein* an Christoph Heins Ich-Erzählerin in *Der Fremde Freund,* die aus Selbstschutz in „Drachenblut" gebadet hat, um endlich unverletzlich zu sein und autonom zu bleiben. Auch die Zurückweisungen und Distanzierungen Irenes sind aus jener psychischen Ökonomie erklärbar. Irene baut Enttäuschungen vor, wenn sie in der Fantasie mit einem für sie beruhigend alten Mann schläft, da sie befürchtet, daß ihr Franz trotz aller Erwartung fremd bleiben könnte (R 22-24). Der erwartete Franz erscheint auch tatsächlich nicht am Flughafen.

Aber sucht sie wirklich Liebe? Liebe, erklärt sie, hätte sie noch am ehesten in den Begegnungen mit dem Exhibitionisten am rumänischen Strand empfunden, von einem Mann, der nichts von ihr wollte. „Ich will dich nur sehen." (R 8) Was will sie?

In den Männerfiguren spiegeln sich vor allem die Vorstellungen Irenes. Die Dialoge mit ihnen erscheinen als Selbstgespräche, sie treiben den Diskurs des Allein-Seins weiter. Irenes Männer sind ständig verreist, sie haben Koffer in der Hand. Und so wie die Erzählung vor allem auf Gleisen, Bahndämmen, in U-Bahnzügen und auf Bahnsteigen spielt, so leben auch die Männer auf Reisen, in Zwischenstadien voller Ambivalenzen. Franz gibt sich als Zauderer („Man denkt an Zauberer, aber an einen ders nicht mehr kann" [R 39]); am meisten Nähe ereignet sich noch zwischen Irene und Stefan, der bezeichnenderweise bisexuell ist. Im Gegensatz zu Chris-

---

[26] Mir erscheint jede Umgebung lebensfeindlich. Ein Gespräch mit der rumäniendeutschen Schriftstellerin Herta Müller. In: SZ, 16.11.1984.
[27] Verena Auffermann [Anm. 22].

toph Heins Heldin muß Irene sich am Schluß kein „Es geht mir gut"[28] einreden. Daß sie sich nicht entwickelt, daß sie erträgt, Fremde zu bleiben, macht ihre Autonomie, ihre Entwicklung aus.

---

[28] Christoph Hein: Drachenblut. Novelle. Frankfurt 1985. S. 174f.

Norbert Otto Eke

Herta Müllers Werke im Spiegel der Kritik
(1982–1990)

Nur wenige Autoren der jüngeren Generation dürften mit ihren Publikationen auf ein ähnlich starkes Echo gestoßen sein wie Herta Müller, die seit der Veröffentlichung ihres Debütbandes *Niederungen* 1984 im Rotbuch Verlag – der Band war zwei Jahre zuvor bereits im Kriterion Verlag in Bukarest erschienen, ohne daß die bundesdeutsche Kritik Notiz davon genommen hätte – nicht nur in allen wichtigen Tageszeitungen und Rundfunkanstalten besprochen, sondern für ihre Werke auch mehrfach ausgezeichnet worden ist: mit dem Aspekte Literaturpreis (1984), dem Förderpreis des Bremer Literaturpreises (1985), dem Rauriser Literaturpreis (1985), dem Ricarda-Huch-Preis der Stadt Darmstadt (1987), dem Marieluise-Fleißer-Preis der Stadt Ingolstadt (1989), dem Preis der Henning-Kaufmann-Stiftung zur Pflege der Reinheit der deutschen Sprache (1989) und der Roswitha-Gedenkmedaille der Stadt Bad Gandersheim (1990). Dies ist um so erstaunlicher, vergegenwärtigt man sich den geographisch-regionalen und literatursoziologischen Ursprungsort der Autorin Herta Müller in der Literaturlandschaft Rumäniens.

Provozierend hatte Alexander Ritter 1985 auf dem VII. Internationalen Germanistenkongreß das in „Journalisten- und Germanistenkreisen als sensationell eingeschätzte Auftauchen" Herta Müllers im bundesdeutschen Literaturbetrieb ein Jahr zuvor als den „Paradefall eines literarhistorischen Aha-Erlebnisses" bezeichnet, „der der allgemeinen Ignoranz um die Leistungen deutschsprachiger Literatur im Ausland zuzuschreiben und bezeichnender- oder auch peinlicherweise der Lektoratsneugier und naivem Kommerzinteresse zufällig zu verdanken ist".[1] Ritter beschrieb damit das Di-

---

[1] Alexander Ritter: Nationalphilologische Verzögerungen: Germanistischer Forschungsauftrag und die Literatur der deutschen Sprachminderheiten. In: Kontroversen, alte und neue. Akten des VII. Internationalen Germanisten-Kongresses Göttingen 1985. Hg. von Albrecht Schöne. Bd. 10: Vier deutsche Literaturen? Literatur seit 1945 – nur die alten Modelle? Medium Film – das

lemma der verweigerten Öffentlichkeit dem „literarische[n] Beitrag des Ostens"[2] (Dieter Schlesak) gegenüber. Zwar haben sich in den zurückliegenden Jahren die Anzeichen eines veränderten Umgangs mit den weltweit in deutscher Sprache geschriebenen und verlegten Literaturen im allgemeinen und mit den deutschsprachigen Literaturen Osteuropas im besonderen verstärkt, eine interessierte Öffentlichkeit im eigentlichen Sinne allerdings gibt es für diese Literaturen nach wie vor in nur sehr beschränktem Umfang – am ehesten noch für die rumäniendeutsche Literatur, die dank so bekannter Autoren wie Paul Celan, Rose Ausländer oder Oscar Walter Cisek einen vor allem literarhistorisch begründeten Ansehensvorschuß genießt und damit eine relative Ausnahme darstellt, was die allgemeine Ignoranz gegenüber der deutschsprachigen Literatur des Auslands angeht.

Ein mit der Wertungsproblematik unmittelbar verbundener Provinzialismusverdacht gegenüber regionaler Literatur[3] trägt zu dieser anhaltenden Wahrnehmungsverweigerung ebenso bei wie die prekäre Stellung der deutschen Minderheiten Osteuropas im Spannungsfeld zwischen den politischen Systemen und das gebrochene Verhältnis der Inlandsgermanistik zu den deutschsprachigen Literaturen aus den kulturellen Randbereichen des deutschen Sprachraums. Mit wenigen Ausnahmen zeigt sich die binnendeutsche Kulturberichterstattung noch immer weitgehend desinteressiert an einem Gegenstand, der ihr als ganzer zu weit entfernt scheint.[4] Zwar genießen

---

Ende der Literatur? Hg. von Karl Pestalozzi, Alexander von Bormann und Thomas Koebner. Tübingen 1986. S. 24.

[2] Dieter Schlesak: Eine fünfte deutsche Literatur. In: Grenzgänge. Deutsche Dichtung aus Rumänien. Hg. von Dieter Schlesak und Wolf Peter Schnetz. Regensburg 1969. S. 7.

[3] Vgl. Norbert Mecklenburg: Rettung des Besonderen. Konzepte für die Analyse und Bewertung regionaler Literatur. In: Kolloquium zur literarischen Kultur der deutschsprachigen Bevölkerungsgruppen im Ausland. 3. Konferenz deutscher Volksgruppen in Europa in der Akademie Sankelmark. Hg. vom Institut für Regionale Forschung und Information im Deutschen Grenzverein e. V. Planung und Gesamtredaktion: Alexander Ritter. Flensburg 1984. S. 179-204.

[4] Vgl. dazu Norbert Otto Eke: Die deutschsprachige Literatur Osteuropas und ihre Rezeption in der Bundesrepublik. Probleme und Chancen einer ‚kleinen Literatur'. In: Deutsche Studien 1991; hier auch weiterführende Literaturhinweise.

einzelne Autoren heute eine bescheidene Aufmerksamkeit (die Resonanz auf die Werke Herta Müllers und – mit Abstrichen – Richard Wagners stellen die absolute Ausnahme dar), nur einige wenige Periodika (z. B. „Kulturpolitische Korrespondenz", „Akzente") allerdings publizieren in unregelmäßigen Abständen deutschsprachige Literatur aus dem Ausland. Daß eine Zeitschrift ein ganzes Heft einer auslandsdeutschen Literatur widmet wie 1987 „Die Horen" der rumäniendeutschen, bleibt Ausnahme. Noch 1981 – Herta Müller war für den bundesdeutschen Buchmarkt noch nicht entdeckt – stand Michael Mack so mit seinem Plädoyer für die jüngere Generation rumäniendeutscher Autoren weitgehend allein. „Nein", so Mack im Anschluß an eine Textauswahl von Herta Müller, Rolf Bossert, Franz Hodjak, Klaus Hensel, Horst Samson, William Totok, Richard Wagner und Balthasar Waitz in der Stuttgarter Zeitung „Das Nachtcafé", „ich bin nicht bereit, einzuräumen, daß experimentiert wird, vieles unfertig, sprachlich gesucht ist – nicht, solange diese Autoren hierzulande keine Verleger haben, diesen Streit öffentlich, vor der ihnen zustehenden Leserschaft zu führen. Artisten, die sie sind, gebührt ihnen Lachen, Staunen und Applaus."[5] Mittlerweile haben fast alle der genannten Autoren Verleger in der Bundesrepublik gefunden; von einer angemessenen Rezeption sind die meisten von ihnen nach wie vor allerdings weit entfernt.

Von einer eigentlichen Aufnahme und Auseinandersetzung mit der deutschsprachigen Literatur des Auslands in der Bundesrepublik kann überhaupt erst seit der zweiten Hälfte der sechziger Jahre gesprochen werden. Mit dem in dieser Zeit einsetzenden kulturellen Wandel, der zu grundlegenden thematischen und methodischen Veränderungen in der Germanistik führte, setzen in diesen Jahren zaghafte Versuche zu einer Rückversicherung kultureller und politischer Phänomene von Regionalität und damit bislang ignorierter kultureller Zusammenhänge ein; zuvor hatten diese Fragen in der binnendeutschen Nachkriegsgermanistik bislang allenfalls im Kontext ethnographischer (Märchen- und Volksliedforschung) und sprachwissenschaftlicher Forschung Beachtung gefunden. 1969 ediert Dieter Schlesak zusammen mit Wolf Peter Schnetz anläßlich der Regensburger

---

[5] Michael Mack: Artisten, die sie sind. (Nachbemerkungen eines Westdeutschen [!] Lesers zur Literatur aus dem Banat). In: Das Nachtcafé, 7/1981. S. 80.

Kulturtage „Begegnung mit Bukarest" (1970) eine Auswahl rumäniendeutscher Literatur (*Grenzgänge*. Regensburg 1969), im gleichen Jahr kann er die rumäniendeutsche Literatur erstmals in der „Frankfurter Allgemeinen Zeitung" einem größeren Publikum vorstellen[6]; 1970 erscheinen in den „Akzenten" Gedichte von Oskar Pastior und Günther Schulz[7], der ein Jahr darauf in Westberlin seinen Gedichtband *Rezensierte Gedichte* folgen lassen kann; sogar in Rumänien erschienene Anthologien deutschsprachiger Autoren werden gelegentlich in der Tagespresse besprochen.[8] Zwar waren damit erste Anfänge gemacht; nach wie vor allerdings bleibt eine seriöse literaturgeschichtliche Arbeit über die rumäniendeutsche Literatur in ihrer Gesamtheit ebenso ein Desiderat der Forschung wie unvoreingenommene analytische Arbeiten zu der dort entstandenen und (in beschränktem Umfang) nach wie vor entstehenden Gegenwartsliteratur unter Berücksichtigung produktions-, rezeptions- und wirkungsästhetischer Fragestellungen. Nach wie vor fehlt es an formalästhetischen und motivvergleichenden Analysen von Werkgruppen und Einzelwerken, diachronen und synchronen Schnitten durch die jeweiligen Gattungen, Untersuchungen zu den primären und sekundären kommunikativen Bezugssystemen sowie zum Verhältnis von Literatur und gesellschaftlicher Realität.

Der faszinierte Blick auf das Fremde, der als Rezeptionsperspektive neben dem historischen und kulturpolitischen Interesse bereits die frühe, noch weitgehend wissenschaftsinterne Rezeption der Minderheitenliteraturen charakterisiert hatte, bestimmt auch die Aufnahme von Herta Müllers Debütband in der Bundesrepublik und den deutschsprachigen Nachbarländern. Als ob die jahrzehntelange Vernachlässigung des „kleinen komplexierten Halbbruder[s]"[9] nun auf einen Schlag kompensiert werden sollte, zog Herta Müller die Aufmerksamkeit der Medien auf sich und schärfte zugleich den Blick für die Literaturlandschaft Rumänien.

---

[6] Dieter Schlesak: Eine fünfte deutsche Literatur? In: FAZ, 12.3.1969.
[7] Akzente, 6/1970. S,. 537-543.
[8] Vgl. W. Alexander Bauer: Deutsche Erzähler in Rumänien. „Worte unterm Regenbogen" – ein Versuch von Hans Liebhardt. In: FITa, 1.5.1974; ebenfalls in: Der Literat, 5/1974. S. 110.
[9] Gerhard Csejka: Bedingtheiten der rumäniendeutschen Literatur. Versuch einer soziologisch-historischen Deutung. In: NL, 8/1973. S. 25.

In groben Zügen läßt sich die Rezeption Herta Müllers in etwa parallel zu der Veröffentlichung ihrer bislang vier Prosabände im Rotbuch Verlag beschreiben als – nicht immer geradlinige – Entwicklung von der Entdeckung und gleichzeitigen Ikonisierung zu einer in der Strittigkeit literarischer Wertungen angezeigten allmählichen Normalität. Diese publizistische Wirkungsgeschichte im binnendeutschen Sprachraum hat ein Vorspiel in der Literaturkritik der rumäniendeutschen Periodika, die (zumindest bis vor dem großen Exodus) die Literaturentwicklung in Rumänien wesentlich mitgeprägt hat und mitverantwortlich zeichnet für das hohe Niveau der rumäniendeutschen Literatur. Daß die rumäniendeutsche Literaturkritik wie jede minderheiteninterne Rezeption immer auch den Gefährdungen „relativistischer Selbstbewertung in Produktion, Rezeption und Vermittlung"[10] ausgesetzt bleibt, sei an dieser Stelle nicht verschwiegen. Die Verflochtenheit einer jeweils nur kleinen Literaturszene – ablesbar etwa an der nicht seltenen Personalunion von Autor und Lektor, Journalist, Kritiker u. ä.[11] – verstärkt die Tendenz zu einer hermetischen Zirkelbildung – was interne Debatten und literarische Meinungsverschiedenheiten zwar durchaus nicht ausschließt, tendenziell jedoch zu einem geschlossenen Produktions-Rezeptions-Kreislauf in den Entstehungsländern führt, der des Korrektivs von ‚außen' bedarf.

Eingeschränkte Öffentlichkeit

Noch vor ihrer ersten Buchveröffentlichung wurde die rumäniendeutsche Literaturkritik auf Herta Müller als wichtige Nachwuchsautorin aufmerksam. Walter Fromms Rezension der Anthologie „Im Brennpunkt stehn" (Temeswar 1979), in der Herta Müller mit dem Prosastück „Irrlicht im Schnee" vertreten war, markiert insofern eine wichtige Etappe der Rezeption, als sie nicht nur die öffentliche Aufmerksamkeit nachhaltig auf eine bis dahin kaum bekannte Nachwuchsautorin lenkte, sondern mit dem Hinweis

---

[10] Alexander Ritter: Das assimilierte Fremde im Balanceakt des Eigenen: Überlegungen zum Verhältnis von interkultureller Hermeneutik und Minderheitenliteraturen. In: Yearbook of German-American Studies 21 (1986). S. 66.
[11] Die Rezensenten Hellmut Seiler, Helmuth Frauendorfer und Helmut Britz beispielsweise sind ihrerseits selbst wiederum Autoren.

auf die irritierende sprachliche Eigenart von Herta Müllers Erzählweise zugleich auch das Innovative ihres Schreibverfahrens unterstrich. Ausdrücklich bewertet Fromm die Prosa Herta Müllers als einen in der Methode „ernstzunehmenden Ansatz in der rumäniendeutschen Gegenwartsprosa".[12] Ihr Prosastück „Irrlicht im Schnee" baue „auf sprachlich scharf artikulierte[n], oft groteske[n] Impressionen auf, denen es gelingt zu irritieren."[13] Damit sind wesentliche Aspekte ihrer Prosa benannt, die im Zentrum der späteren Rezeption stehen werden.

Die Veröffentlichung von Herta Müllers Debütband *Niederungen* (Bukarest 1982) selbst wurde nach der Publikation weiterer ihrer Texte unter anderem in Rumäniens bedeutendster (deutschsprachiger) Literaturzeitschrift „Neue Literatur" mit Spannung erwartet und bereits vorab als „wichtigste[r] Belletristiktitel des Jahres"[14] gehandelt – ein Eindruck, der später von Peter Motzan in einer langen kritischen Auseinandersetzung mit dem Buch bestätigt wurde.[15] Die rumäniendeutsche Kritik registrierte zustimmend eine ungewöhnliche und eigenwillige literarische Handschrift und den Mut zum Anschreiben gegen verkrustete Wert- und Normvorstellungen. Helmut Seiler hebt so die „Genauigkeit der Benennung"[16] als einen Grundzug von Herta Müllers Prosa heraus und spricht von einer „programmatische[n] Enttabuisierung"[17], die die Autorin in einer Sprache betreibe, die „vorgefundene Ausdruckskonventionen"[18] durchbreche (das Ganze ein „erfolgreicher Versuch [...] gegen die Wirkungslosmachung von Literatur bei uns anzukämpfen"[19]); Peter Motzan nennt *Niederungen* ein „Attentat auf die Verbotsmauern"[20] und unterstreicht die Sinnlichkeit der Sprache in einer „makellosen, rhythmisch durchgestalteten, von manieristischer Düs-

---

[12] Walter Fromm: Vielfalt ist nicht alles. Eine Anthologie des Temeswarer Literaturkreises „Adam-Müller-Guttenbrunn". In: DW, 30.11.1979. S. 5.
[13] Ebd.
[14] Hellmut Seiler: Sachlich, aber phantasievoll. In: KR, 12.11.1982.
[15] Peter Motzan: „Und wo man etwas berührt, wird man verwundet." Zu Herta Müller: *Niederungen*. In: NL, 3/1983. S. 72.
[16] Hellmut Seiler [Anm 14].
[17] Ebd.
[18] Ebd.
[19] Ebd.
[20] Peter Motzan [Anm 15]. S. 67.

ternis"[21] umwehten Prosa. Rudolf Herbert lobt die „außerordentliche Plastizität der Sätze"[22], deren „abgeschlossenes bildliches Sein" nicht „nur Ausdruck einer starken Sensibilität, sondern auch einer spezifischen Schau auf die Dinge"[23] sei. Als besondere Vorzüge von Müllers Prosa, die „die Hoffnungen auf eine rumäniendeutsche Literatur der Gegenwart nicht verkümmern" ließe, stellt er die „Offenheit der Texte, die Authentizität der Sprache" sowie den „nüchtern-distante[n] Umgang mit der Wirklichkeit"[24] heraus. Die dem Leser Raum lassende Offenheit der Texte wird ebenfalls von Helmuth Frauendorfer nach der Lektüre von Herta Müllers zweiter rumänischer Veröffentlichung, *Drückender Tango* (Bukarest 1985), hervorgehoben[25], während Annemarie Schuller am Beispiel dieser Veröffentlichung die Einzigartigkeit einer Erzählweise innerhalb der rumäniendeutschen Literaturlandschaft herausstellt, die sich in „das Spannungsfeld der härtesten Kontraste und unerbittlichen Gegensätze"[26] begebe. Weil diese Prosa Identifikation zulasse, so Schuller, sage sie „mehr und Genaueres aus über die Geschichte und die Befindlichkeit der Banater Schwaben, als es historische Werke tun können".[27] Gerhard Csejka bestimmt daneben die „poetische Kraft" von Herta Müllers Texten im radikale[n], also auf die Wurzel hinzielende[n], äußerst präzise[n], treffsichere[n] Setzen der alltäglichsten Wörter und Situation"[28], stellt gleichzeitig aber auch einen direkten Zusammenhang her zwischen Herta Müllers spezifischer Erzählweise und der Ländlichkeit als Thema ihrer Prosa, der in den späteren Kritiken zu *Reisende auf einem Bein* unter veränderten Vorzeichen indirekt wieder eine Rolle spielen wird: „Wo die Stadt die Gegenstände liefert, verschiebt sich nicht nur der Erzählerstandpunkt (ablesbar an der Einführung einer jungen Frau

---

[21] Ebd.
[22] Rudolf Herbert: Die Einsamkeit der Sätze. Zu Herta Müller, Niederungen. In: NL, 4/1983. S. 70.
[23] Ebd.
[24] Ebd. S. 72.
[25] Helmuth Frauendorfer: Das Dorf ist eine schwarze Krähe. Die Dimension eines kleinen Dorfes. Herta Müllers Prosa der schönen Sätze. In: DW, 5.4.1985.
[26] Annemarie Schuller: Ihre Mittel: arm und reich zugleich. In: KR, 14.6.1985.
[27] Ebd.
[28] Gerhard Csejka: Herta Müller. Eine junge rumäniendeutsche Prosaschriftstellerin. In: Tribuna României, 1.10.1984.

namens Irene als Hauptgestalt), sondern die ganze Erzählweise ändert sich, wird nüchterner und mitunter auch flacher."[29]

Die systematische Grenzverletzung von Herta Müllers Texten provozierte allerdings auch Widerspruch. Der positiven Resonanz von Seiten der Literaturkritik – 1981 erhielt Herta Müller den (inoffiziellen) Förderpreis des Adam-Müller-Guttenbrunn-Kreises für Prosa, 1982 den Literaturpreis des Verbandes der Kommunistischen Jugend und den Debütpreis des rumänischen Schriftstellerverbandes – steht so eine zum Teil schroffe Ablehnung in den Reihen der deutschsprachigen Minderheit Rumäniens selbst gegenüber, die sich an der materialen Ebene der Texte entzündete. Zu einem veritablen Skandal führte die Veröffentlichung des Kurztextes „Das schwäbische Bad" in der „Neuen Banater Zeitung" (24.5.1981). Zahlreiche Leser mißverstanden die satirische Zuspitzung des Textes, fühlten sich persönlich verunglimpft und beleidigt. Erschreckt versuchte die Redaktion der Zeitung den zum Teil wütenden Protest[30] in mehreren Leserbriefreihen zu kanalisieren[31], nicht ohne dem eine interpretierende Leseanweisung vorauszuschicken.[32] Höhepunkt in dieser Affäre war die Einlassung Nikolaus Haupts, der am 5.7.1981 im Namen des „gesunden" Volksempfindens die „totale Entwurzelung" der im „Adam-Müller-Guttenbrunn-Literaturkreis" zusammengeschlossenen jungen Autoren (zu ihnen gehörte Herta Müller) beklagte und die Kontroverse um „Das schwäbische Bad" zum Anlaß einer nachgetragenen Kritik an der erfolgten ersten Preisverleihung an die Autorin nahm: „Wenn man bedenkt, dass solches in der Zeit vor sich geht, in welcher die deutschen Menschen in diesem Landstrich vielleicht wie noch nie zuvor eines inneren Haltes und des Glaubens an den eigenen Wert bedürfen, ist es verständlich, dass die Herausstellung dieser Schreibenden und der Grundton der Laudatio, die bei der Preisverleihung auf diese Literatin gehalten wurde, in noch gesunden Schichten unserer

---

[29] Ebd.
[30] Man habe, so die Redaktion am 21.6.1981, zum Teil anonyme Briefe erhalten, „die nicht ‚bloss' Beleidigungen der Autorin (und anderer) enthielten, sondern auch böseste Beschimpfungen, ja sogar Drohungen." (Redaktionell: Von der Sauberkeit und vom Dünkel. In: NBZ, 21.6.1981.)
[31] Vgl. NBZ, 5.7.1981; 19.7.1981; 16.8.1981; 13.9.1981.
[32] Redaktionell: Von der Sauberkeit und vom Dünkel. [Anm. 30].

deutschen Mitbürger Missmut, Ablehnung und empörten Widerspruch ausgelöst haben. Das umsomehr, als die rumänische Gegenwartsliteratur in ihrer beispielgebend bewusst volksbejahenden Haltung auch den jungen Autoren des Literaturkreises, sowie einer Herta Müller kaum unbekannt geblieben sein dürfte."[33]

Mit dieser Kritik an der nicht-affirmativen Stoßrichtung von Herta Müllers Erzählungen sind Argumentationsstrukturen vorgezeichnet, die in der landsmannschaftlich ausgerichteten Presse der Bundesrepublik (Der Donauschwabe, Banater Post, Beiträge zur deutschen Kultur) nach der Veröffentlichung der *Niederungen* im Berliner Rotbuch Verlag (1984) weitergetragen wurden, wobei die aus der Situation des unmittelbar Betroffenen immerhin noch erklärbare Reaktion Haupts auf jede Form der Kritik an geglaubten und gelebten Traditionen nun unverstellt ihr reaktionäres Gesicht zeigte.[34] Von den „Greuelmärchen aus Nitzkydorf" ist hier, bewußt nicht mehr trennend zwischen Dokumentation und Fiktion, die Rede; statt über einen „gesunden Geist" verfüge die Autorin über eine krankhafte „Geltungssucht [...], die sie zu jedem Mittel greifen läßt, nur um überhaupt aufzufallen."[35] Von dem damit erhobenen Vorwurf der Nestbeschmutzung ist es nur ein Schritt zu der schließlich in der Weihnachtsausgabe des „Donauschwaben" der Autorin unterstellten ideologisch-subversiven Tätigkeit im Dienste der Minderheitenpolitik des Ceaucescu-Regimes: „Man fördert den Abbau und Zerfall des Deutschtums aus seinem Innern heraus. Hätte H. Müller ähnlich über ihre rumänischen Mitbewohner geschrieben, man hätte sie in Rumänien gehenkt. Auch jeden Rumänen, der so über sein Volk und sein Land urteilen und schreiben würde. Vergleichbare Schriften mit rumänischer Zielrichtung hätte man nie im Ausland veröffentlichen dürfen. H. Müller ist eine der wertvollsten Mitarbeiterinnen der Bukarester ZK-

---

[33] Nikolaus Haupt: „Ein Sturm des Protests...". In: NBZ, 5.7.1981.
[34] Vgl. dazu auch Franz Heinz: Kosmos und Banater Provinz. Herta Müller und der unliterarische Streit über ein literarisches Debüt. In: Beiträge zur deutschen Literatur in Rumänien seit 1918. Hg. von Anton Schwob. München 1985. S. 103-112.
[35] J. Hammer: Ketzerei oder totale Verantwortungslosigkeit? In den rumäniendeutschen Dörfern lebte nie eine „grauenvolle Gesellschaft"! In: DD, 16.9.1984.

Propagandaabteilung und anderer Departements. Sie schädigt das Image des Auslandsdeutschen im Mutterland, dessen Hilfe und Unterstützung im Banat und in Siebenbürgen so nötig ist. Deshalb durfte sie ihr Erstlingswerk im westlichen Ausland veröffentlichen, ein Vorrecht, das in der Regel nur sehr bekannten, besonders linientreuen Literaten zusteht."[36]

Daß diese Artikel keine einmaligen Entgleisungen darstellen, zeigt die Kontroverse über die Zulassung eines Vortrags über Herta Müllers *Niederungen* zu einem Symposion des südostdeutschen Kulturwerks, der Anton Scherers Artikel „Ist Kunst in Rumänien ‚autonom'? Landsmannschaft kontra ‚Südostdeutsches Kulturwerk'"[37] vorausging.[38] In modifizierter Form begegnet hier der alte Vorwurf, die Prosa der „überschätzt[en] Autorin stehe „mittelbar im Dienst der Politik"[39] ebenso, wie in einer späteren Rezension der Erzählung *Der Mensch ist ein großer Fasan auf der Welt* in der „Banater Post", in der zum Vorwurf, fahrlässig die offizielle rumänische Staatsideologie zu bedienen, noch die Kritik hinzutrat, wiederum unterbleibe „eine Herauslösung aus den persönlichen Obsessionen der Auto-

---

[36] H. Schneider: Eine Apotheose des Häßlichen und Abstoßenden. Anmerkungen zu Herta Müllers „Niederungen". In: DD, Weihnachten 1984. S. 6.
[37] DD, 20.7.1987.
[38] Dorothea Götz: „Vom Ende einer heilen Welt". Herta Müllers „Niederungen". In: Beiträge zur deutschen Literatur in Rumänien seit 1918. Hg. von Anton Schwob. München 1985. S. 97-102. Die Landsmannschaft der Banater Schwaben protestierte nachträglich gegen die Aufnahme dieses Vortrags und gegen Verallgemeinerungen über die Banater Schwaben in der deutschen Presse, die ihren Ausgangspunkt in Herta Müllers Veröffentlichungen hätten; auf einer Mitgliederversammlung des Kulturwerks wurde vom Vorstand eine Klarstellung in dieser Angelegenheit verlangt, der allerdings die geforderte Distanzierung mit dem Hinweis auf die schriftstellerische Freiheit verweigerte.
[39] Immerhin heißt es hier nun etwas moderater: „Als negatives Merkmal des Volkscharakters der Siebenbürger Sachsen, dieser insbesondere, und der Banater Schwaben galt bei vielen Rumänen der deutsche Hochmut und der Besitzstolz. Dieser Hochmut sollte gebrochen werden. Auch in literarischer Form. Es liegt uns fern, Herta Müller zu unterstellen, einen solchen Auftrag erfüllt zu haben. Ohne Zweifel waren aber ihre Niederungen [...] willkommen." (Anton Scherer [Anm. 37].)

rin"[40] und damit werde Wirklichkeit nicht bewältigt sondern im Gegenteil verfälscht. Die „dümmliche Geschichte", so – ein letztes Beispiel – Dieter Kessler in der Zeitschrift „Beiträge zur deutschen Kultur", sei „eiskalt kalkuliert für die Ansprüche einer ideologisch fixierten Schicky-Micky Clique, deren Weltbild in Ordnung war, ist und sein wird und welche die ideologische Öde ihrer Welt mit geschlossenen Augen und viel saurer Geilheit zu ertragen weiß."[41]

Ideologische Vorbehalte, selbst anderen unterstellt, ersetzen nur allzu offenkundig in Beiträgen wie diesen eine abwägende Literaturkritik, die beständig ihre eigenen Kriterien in Frage zu stellen bereit ist. Literaturkritik wird so unversehens zur Denunziation, mit der ästhetische Diagnostik ausläuft in den Gestus der persönlichen Abrechnung. Dazu noch einmal Kessler: „Die Darstellung bei Müller beschränkt sich auf die seit Jahr und Tag beschränkten Mittel der Autorin [...] kurz, es geht um einen Aufguß eines Aufgusses eines Aufgusses eines Aufgusses: was in der Romantik in Biedermeier umschlug, über die Gartenlaube bis zur schönen Welt der Frau Courths-Mahler herunterkam und im Heftchenroman tagtäglich fröhliche Urständ feiert, wird von Herta Müller mit den literarischen Mitteln, die vor Jahrzehnten einmal neu waren, als literarische Analyse der gegenwärtigen Zustände im rumänischen Banat abgesondert. Und sie hält sich natürlich für eminent links, ist aber eminent reaktionär (um dickere, grün-rote verbale Knüppel zu vermeiden), und sie hält sich natürlich für eine Dichterin, ist aber ein Stümper."[42]

Erweiterte Öffentlichkeit

Man muß diese einem breiteren Publikum verborgen gebliebene Reaktion als Antwort auch auf die überwältigende positive Resonanz auf Herta Müllers erste Veröffentlichungen in der Mehrzahl der bundesdeutschen Medien

---

[40] hof (= Horst Fassel): „Der Mensch ist ein großer Fasan auf der Welt". Das neue Buch von Herta Müller. In: BP, 20.9.1986.
[41] Dieter Kessler: Herta Müller: Der Mensch ist ein grosser Fasan auf der Welt. In: Beiträge zur deutschen Kultur, 2/1987. S. 73.
[42] Ebd.

lesen[43], die von zwei miteinander korrespondierenden Impulsen getragen wurde: dem Reiz des Exotischen in der Beschreibung einer fremden, aus dem (literarischen) Wahrnehmungshorizont entschwundenen Welt der deutschsprachigen Minderheit Rumäniens[44] und der Faszination einer poetischen Sprachgebung, die sich bei aller Sprödigkeit als Kunst der Auslassung bei gleichzeitig großer bildhafter Klarheit erwies. Entscheidende Schrittmacherfunktion kommt in diesem Zusammenhang der ausführlichen Besprechung zu, die Friedrich Christian Delius im „Spiegel" veröffentlichte. Sie machte Herta Müllers Debütband *Niederungen* einer breiten Öffentlichkeit zugänglich und wirkte gleichzeitig wieder in die innerrumänische Diskussion zurück.[45]

Delius begrüßte *Niederungen* als ein „mitreißendes literarisches Meisterstück"[46], das mit der versunkenen Welt des minderheitlich dörflichen Lebens im Banat „zugleich einen weißgrauen Fleck auf der Landkarte"[47]

---

[43] Fast noch mehr Empörung als Herta Müller selbst erntete in dem zitierten Artikel J. Hammers so beispielsweise die Spiegel-Rezension der *Niederungen* von Friedrich Christian Delius. Und noch 1987 veröffentlichte Horst Fassel in der „Banater Post" eine Replik auf einen von Rolf Michaelis kurz zuvor in der „Zeit" veröffentlichten Beitrag, in der er die „Glaubwürdigkeit" der Darstellungen Herta Müllers (und Richard Wagners) in Zweifel zog und der bundesdeutschen Kritik ebenso wie den Autoren vorwarf, nicht zwischen „Realität und Fiktion zu unterscheiden". (Eine „Transsylvanische Reise" ins Banat. Das Banat-Bild bei Rolf Michaelis in der „Zeit". In: BP, 5.4.1987.)

[44] „Wir haben anzuerkennen, daß mit *Niederungen* die Entdeckung der literarischen Provinz Banat vor sich gegangen ist", konstatiert auch Franz Heinz in einem Überblick über den Streit angesichts von Herta Müllers Debütband. (Franz Heinz [Anm 34]. S. 112.) Ein guter Teil der Aufmerksamkeit, die Herta Müller in den vergangenen Jahren auf sich gezogen hat, leitet sich aus diesem wiedererwachten Interesse an der deutschsprachigen Minderheit im Vielvölkerstaat Rumänien her.

[45] Hinweise auf die positive Resonanz auf die *Niederungen* in der Bundesrepublik erschienen in den meisten deutschsprachigen Zeitschriften Rumäniens (vgl. etwa DW, 31.8.1984; VuK, 10.10.1984) und wirkten bis in die (wenigen) Rezensionen von Herta Müllers zweitem, nur in Rumänien erschienenem Prosaband *Drückender Tango* nach.

[46] Friedrich Christian Delius: Jeden Monat einen neuen Besen. In: Der Spiegel, 30.7.1984. S. 119.

[47] Ebd.

erschließe. Er betonte das Antiidyllische in Herta Müllers Beschreibungen der Dorflandschaft („Herta Müller schreibt, als erwache sie – in einem Reich der Grausamkeit. Denn das deutsche Dorf, es ist, mit einem Wort, die Hölle auf Erden."[48]) und bestimmt das Besondere ihrer Prosa in der Verbindung von sezierend-nüchternem Realismus und kindlicher Phantastik, die sie „aus der rumäniendeutschen Literatur heraushebt und in die Reihe der besten deutschsprachigen Autorinnen"[49] versetze. Daß Delius gleichzeitig – nun von anderer Seite die Grenzen zwischen Dokumentarischem und Erzähltem nivellierend – gegen das folkloristische Bild der deutschsprachigen Minderheiten in Osteuropa, wie es in der Bundesrepublik von den Landsmannschaften und den Vertriebenenorganisationen gepflegt wird, polemisierte, hat es der Kritik von dieser Seite an Herta Müller (und ihm selbst) leicht gemacht.

Neben Herta Müllers Herkommen aus der deutschsprachigen Minderheit Rumäniens, auf die auch in den Kritiken der folgenden Jahre immer wieder in den immer gleichen Stereotypen hingewiesen wird, begegnet vor allem die Eigenwilligkeit – so das am häufigsten durch die Jahre hinweg auf ihre Prosa angewandte Attribut[50] - einer in ihrer Unkonventionalität[51] und Unverbrauchtheit geschätzten Sprachgestaltung als Konstante in nahezu allen

---

[48] Ebd.
[49] Ebd. S. 121.
[50] Dazu nur einige Beispiele aus den Jahren 1984-1989: Gebhard Henke: Poetischer Ausbruch aus dem engen Banat. In: SZ, 12.4.1984; Uwe Wittstock: Hundert Beete voll Mohn im Gedächtnis. „Niederungen" – ein erstaunlicher Prosaband der deutsch schreibenden Rumänin Herta Müller. In: FAZ, 17.4.1984; Klaus Hensel: Bilder von Jenseits der Schwelle. Notizen zu einem ungewöhnlichen Prosadebüt. Rundfunkmanuskript. HR: Die Alternative – Kultur am Vormittag, 23.8.1984. S. 6; Horst Hartmann: Herta Müller, Niederungen. Rundfunkmanuskript. ORF 1: „Ex Libris", 4.11.1984; Gisela Lerch: Herta Müller: „Der Mensch ist ein großer Fasan auf der Welt". Rundfunkmanuskript. SFB 1. und 3: Buchzeit, 21.7.1986. S. 5; Anonym: Reiselektüre. In: Industriemagazin, 8/1986. S. 170; Udo Michalowski: Viele Räume sind unter der Haut. Bilder aus dem Banat: Herta Müllers Erzählungen. In: RM, 22.4.1988; Peter Mohr: Tod und Unterdrückung. Bedrückende Prosa einer Deutsch-Rumänin. In: EZ, 1.4.1989.
[51] Claus Strunz: Sumpfige Seelenlandschaften. Zum Debütband „Niederungen" der Deutschrumänin Herta Müller. In: Journal, 16.11.1984.

Rezensionen. Nur selten einmal wird vorsichtig Kritik angedeutet an der Üppigkeit von Bildwucherungen[52] oder am Fehlen eines leitenden Handlungszusammenhangs[53], der allerdings sofort auch wieder (bei zugegeben nicht vorhandener formaler Einheit) von anderer Seite die „Einheit der Bild- und Sprachwelt"[54] entgegen gehalten wurde. Die überwiegende Mehrzahl der Kritiker zeigte sich anstandslos beeindruckt von der „ungeheuren sprachlichen Kraft"[55] der Texte Herta Müllers und ihrer „Zeit und Ort unterlaufende[n] poetische[n] Subjektivität"[56] in der Verflechtung von „genauester Schilderung und innerem Erleben"[57]; herausgestellt werden die Lebendigkeit und Dichtheit einer beeindruckenden Bildersprache, die „noch viel Vorrat"[58] habe, die „Exaktheit der Bild- und Sprachwelt", die Herta Müllers Prosa „aus der langen Reihe thematisch verwandter Erinnerungsbücher" heraushebe[59] und gegen die „Neue Deutsche Welle" der Provinzliteratur[60] abgrenze, sowie die „subversive Wirkung" ihrer Texte, deren Produktivität aus der Freisetzung verschütteten Bildmaterials im Bewußtsein des Lesers durch die Reibung mit den Sätzen resultiere.[61]

---

[52] Vgl. z.B. Horts Hartmann [Anm 50]. S. 2. („Weniger Wortartistik und Begriffspielereien hätten manchen Texten nicht geschadet").
[53] Horst Hartmann [Anm. 50]. S. 2: „Zusammenhänge stellt die Autorin nicht her. Die Fähigkeit zu einem Handlungsablauf scheint die Autorin nicht zu besitzen."); Uwe Wittstock [Anm. 50]: „Vor allem fehlt dem umfangreichen Text ‚Niederungen' ein erkennbarer roter Faden."
[54] m. v.: Aus der Kinderperspektive. Herta Müllers Prosaband „Niederungen". In: NZZ, 9.6.1984.
[55] Rupert Huber: Traurige Kindheit im Dorf. Das neue Buch: „Niederungen" von Herta Müller. In: AZ (Wien), 26.5.1984.
[56] Leonore Schwarz: Ein Kind sieht seine Umwelt. Zu Herta Müllers Prosaband „Niederungen". In: GA, 26.10.1984.
[57] Ebd.
[58] Verena Auffermann: Das Glück frißt uns das Leben. Herta Müllers Erstling „Niederungen". In: FR, 9.6.84.
[59] m. v.: Aus der Kinderperspektive [Anm.54].
[60] Claus Strunz [Anm 51].
[61] Vgl. dazu Klaus Hensel: „Das macht die besondere Stärke dieses Textes von Herta Müller aus. In der Konfrontation mit dem Geschriebenen werden wir, die Leser, plötzlich zu Autoren. Die Leerstellen dieser Kernsprache werden mit Bildern besetzt, die wir durch den selektiven Charakter des logisch ausgerichte-

Die Resonanz auf die Erzählung *Der Mensch ist ein großer Fasan auf der Welt* (Berlin 1986) gleicht in weiten Teilen der Aufnahme der *Niederungen*. Während sich die am Beispiel des früheren Werkes zitierten ästhetischen Werturteile der Kritik im Ergebnis nur wiederholen, tritt nun die „politische Dimension" des Textes, der „die Unter- und Hinterwelt der Kindheit verlassen"[62] habe, weiter in den Vordergrund. Sibylle Cramer beispielsweise begrüßte Müllers Erzählung dezidiert als Erneuerung der Dorfgeschichte „nach deren faschistischem Sündenfall"[63] und nahm damit den in früheren Besprechungen formulierten Gedanken der progressiven Provinzliteratur auf; durch die Vielschichtigkeit der Formen komme es zu einer Überwindung des biederen Realismus der Dorfgeschichte. Mit ihrer „trockenen Sachlichkeit", so Wolfgang Rieger in der Freiburger „Stadtzeitung", zeige Herta Müller „eine bleiern gewordene Realität, die sich nach fertigen Gesetzen abspult, die wir kennen, aber nicht wahrhaben wollen."[64] Auch Ursula Homann attestiert der Erzählung ein meisterhaftes Niveau in der Verbindung politischer Inhalte mit künstlerischem Anspruch. Aus „einem vielfältigen Mosaik" entstehe „ein beklemmendes Bild negativer Traditionsgebundenheit, erdrückender Enge und kleinkarierter Spießbürgerlichkeit, wobei sich treffende Sozialkritik mit hoher Poesie meisterhaft verbindet."[65]

---

ten Denkens und durch den normierten Sprachgebrauch sehr früh verdrängt haben." (Bilder von Jenseits der Schwelle [Anm 50]. S. 5.)

[62] Paul F. Reitze: Wo der Paß zum Strohhalm wird. Eine Apokalypse aus Siebenbürgen: Prosa der rumäniendeutschen Autorin Herta Müller. In: W, 2.8.1986. Reitze, der zugleich Herta Müller auf die griffige Formel einer „apokalyptischen Romantikerin, Trosloses im Blick, die blaue Blume im Herzen" festzulegen versucht, hängt diese „politische Dimension", die bereits die *Niederungen* geprägt hatte, allerdings an der Oberfläche des plakativen Ausreisesujets auf; da macht es kaum noch etwas aus, daß die „Apokalypse" nicht aus Siebenbürgen, sondern aus dem Banat stammt.

[63] Sibylle Cramer: Die Nachtwachen des Müllers Windisch. Herta Müllers „Der Mensch ist ein großer Fasan". In: FR, 31.5.1986.

[64] Wolfgang Rieger: Trostlose Abgeschlossenheit. Wolfgang Rieger zu Herta Müllers „Der Mensch ist ein großer Fasan auf der Welt". In: Stadtzeitung Freiburg, 8/9/1986.

[65] Ursula Homann: Herta Müller: Der Mensch ist ein großer Fasan auf der Welt. In: Deutsche Bücher, 1/1987. S. 33.

Zwar wurde *Der Mensch ist ein großer Fasan auf der Welt* einerseits als Steigerung der poetischen Mittel begrüßt[66], andererseits allerdings wurde die sprachliche Gestaltung des Bandes in Teilen der Kritik auch kontrovers diskutiert. Konstatierte Daniela Bartens eine Konzentration der Bildersprache („die Bilder [...] überwuchern nicht mehr, entwickeln keine Eigendynamik, sondern sind nun dem Textganzen als gestaltende, vorausdeutende und vorantreibende Merkmale untergeordnet"[67]), bemängelte beispielsweise Verena Auffermann ein „Zuviel" an Bildkraft, die zu einer Übersättigung des Lesers führe[68], oder spielte Armin Ayren die Wirkungsdimension des Textes gegen seine formale Gestaltung aus. Der Eindruck, daß es sich bei *Der Mensch ist ein großer Fasan auf der Welt* „um ein Stück politisch oder gesellschaftskritisch engagierter Prosa handle", so Ayren, sei trügerisch; offensichtlich gehe es der Autorin „nicht um das vordergründige Geschehen", vielmehr lebe das Buch „von seiner Form".[69] Diese wiederum könne die Verbindung von Realistischem und Phantastischem nicht leisten und beruhe auf einem grundlegenden Mißverständnis: „Eine Zeitlang macht dieser lakonische Stil den Eindruck von lapidarer Einfachheit und auch Größe. Sinnvoll bis zum Ende durchhalten ließe er sich aber vermutlich nur in einer realistischen Erzählung, weil dort der nie reflektierte Blick von außen Objektivität schaffen kann. Doch in dieser Erzählung stimmt etwas nicht. Sieht man von formalen Mängeln ab [...], so drängt sich, je weiter man liest, immer mehr der Verdacht auf, daß die Gesamtkonzeption auf einem Irrtum beruht. / Die geschilderte Welt nämlich ist eine doppelbödige, durch die subjektive Sehweise der Personen und auch der Erzählerin eigentümlich verzerrte, bis ins Surreale verfremdete. [...] doch fügen sie [die phantastisch verfremdeten Passagen] sich zu keiner magischen Weltsicht,

---

[66] Ingrid Heinrich-Jost: „Jeder Satz ein Schlag". Großes poetisches Erzähltalent: Herta Müller aus dem Banat. In: Tsp, 7.9.1986.
[67] Daniela Bartens: Herta Müller: Der Mensch ist ein großer Fasan auf der Welt. In: Gangan, Jahrbuch 1987. S. 94.
[68] Verena Auffermann: Das lange Warten auf einen Pass. „Der Mensch ist ein grosser Fasan auf der Welt" heisst das neue Buch von Herta Müller. In: BaZ, 18.7.1986.
[69] Armin Ayren: Lakonischer Satz, komplexe Welt. Eine Erzählung von Herta Müller. In: StZ, 19.7.1986.

sondern bleiben isoliert und stehen in ständigem Widerspruch zu den realistischen Passagen. Man weiß nie recht, was man mit ihnen anfangen soll – ist das nun einfach eine Zauberwelt oder ein Welt von nicht ganz Normalen, oder hat das alles irgendeine tiefere Bedeutung. [...] An allen Beispielen phantastischer Literatur läßt sich ablesen, daß die Erschaffung einer zweiten Welt nur mit einer differenzierten Syntax möglich ist. Einzig das Märchen macht hier eine Ausnahme, aber dort ist die Märchenwelt vom ersten Satz an da und braucht keinen Kontrast zur Realität und keine kunstvollen Übergänge."[70]

Ayrens Einwand wird in gewisser Weise aufgenommen von Sibylle Cramer in ihrer Rundfunkbesprechung der Prosasammlung *Barfüßiger Februar* (Berlin 1988), in der sie zugleich ihre frühere Einschätzung über den progressiven Charakter der Erzählweise Herta Müllers teilweise wieder zurücknimmt. Während beispielsweise Christian Huther Herta Müllers Prosa auch nach *Der Mensch ist ein großer Fasan auf der Welt* weiterhin uneingeschränkt als „eigenwillige Art von politischer Heimatliteratur"[71] beschreibt, läuft Herta Müller in ihren Augen Gefahr, mit ihrer dritten Veröffentlichung Kredit zu verspielen. „Schwierigkeiten mit der Signifikanz"[72] der ausgewählten Gegenstände gehört noch zu den geringeren Einwänden Cramers gegenüber *Barfüßiger Februar*. Häufig werde die Prosa „ungenau, ihr Lyrismus zum Dekor"[73]; „Stimmkonfusionen"[74], d. h. die Verwischung zwischen Autoren- und Figurenrede, führten daneben Herta Müller wieder in die Nähe einer Literatur, von der sie sich mit ihren früheren Veröffentlichungen erfolgreich abgestoßen habe.[75] Alles in allem: „Herta Müller, die

---

[70] Ebd.
[71] Christian Huther: Was ist das für ein Land? Herta Müllers Prosaband „Barfüßiger Februar". In: GA, 28./29.11.1987.
[72] Sibylle Cramer: Herta Müller: Barfüßiger Februar. Rundfunkmanuskript. WDR III: Meinungen über Bücher, 24.9.1987. S. 5.
[73] Ebd. S. 4.
[74] Ebd.
[75] Vgl. dazu ebd. S. 5: „In den Bildern aus einem vergessenen, stillstehenden Leben am Rand der Welt gehen die magische Welt des Kindes und der begriffliche Kommentar der Autorin eine so enge Verbindung ein, daß die Einfalt des Naturzustandes den Rang des Allgemein-Menschlichen erhält. Das Urbildliche, das da entsteht, der natürliche Mensch gehörte zum Markenzeichen schon der

zu den wichtigsten Autoren einer ihr eigenes Format sprengenden Provinzliteratur gehört, hat sich hier auf eine erfahrungsarme, stilisierende Schreibweise zurückgezogen, die den Zusammenhang zwischen dem Partikularen und den gesellschaftlichen Zuständen kaum mehr formuliert und damit den größeren Rahmen preisgibt, zu dem sie der Gattung mit ihren Büchern verholfen hat."[76]

Cramers Rezension ist in gewisser Weise symptomatisch für die zwiespältige Aufnahme, auf die *Barfüßiger Februar* in der Kritik stieß. Sie markiert nach der positiven Aufnahme der vorangegangenen Bücher ein Brüchigwerden der vorbehaltlosen, in Teilen der Kritik geradezu einer Ikonisierung der Autorin gleichkommenden Zustimmung, die sich mit den begründeten Einwendungen Ayrens bereits abzuzeichnen begonnen hatte. Zum Teil äußerst reserviert reagierte die Kritik auf den beim ersten Lesen entstehenden Eindruck der Verweigerung des Erzählens und der Überführung der Bilderstruktur von Herta Müllers früheren Texten in ein hermetisches Rätselreich. Nur wenige Kritiker waren bereit, die von der Autorin mit einzelnen Texten für den westlichen Leser möglicherweise aufgebauten Rezeptionsbarrieren zu überspringen, und ihr auf dem Weg in eine Kunst der radikalen Verknappungen zu folgen. Zu dunkel und unverständlich, zu hermetisch und zu ungenau lautete ein häufiges Urteil über die Prosa aus *Barfüßiger Februar*. Nicht wenige Kritiker attestierten den Texten „eine auffallende Neigung zum Ungenauen, zum vordergründig Verrätselten, zu Metaphern von zuweilen fragwürdiger Überzeugungskraft"[77], eine Wandlung hin zur „Isolierung"[78] oder Mythisierung („Ihr Schreiben über Heimat und Natur gleicht sich dem Mythos Natur bis zur Selbstaufgabe an, gerät so zu einem dunklen Raunen."[79]) und kritisierten, wie Martin Groß in der „taz",

---

bündischen, gegen den Fortschrittsgeist des späten 19. Jahrhunderts kämpfenden Dorfliteratur. Herta Müller gerät hier in eine Nachbarschaft, mit der sie gewiß nichts im Sinn hat."

[76] Ebd. S. 5f.
[77] Ulrich Weinzierl: Schwarze Achse im Innern der Erde. Herta Müllers Prosaband „Barfüßiger Februar". In: FAZ, 6.2.1988.
[78] Günter Krall: Verstrickung der Einsamen. Herta Müller: „Barfüßiger Februar". In: Rh, 16.11.1987.
[79] Christian Huther: Was ist das für ein Land? [Anm. 71].

das weiße Rauschen der verweigerten (oder erschwerten) Kommunikation.[80] Einen „Zugewinn an Schärfe des sprachlichen Ausdrucks *und* an Poesie"[81] dagegen, wie Hans-Jürgen Schmitt sie nach der Lektüre empfand, vermochte kaum ein anderer Kritiker zu entdecken. Am ehesten noch Peter Laudenbach, der die bemängelte Unverständlichkeit der Texte auf eine zu flüchtige Lektüre zurückführte, die sich nicht wirklich auf die Schönheiten der Sprache einlasse: „Die Texte sind sehr dicht und konzentriert. Sie sind nicht ‚leicht' lesbar, oft erscheint ihre Oberfläche, das unter einem flüchtigen Blick sichtbare, maniriert. Der Eindruck ist falsch. Ihre große Schönheit, die in ihnen formulierten Verletzungen und Schrecken, die große poetische Kraft ihrer Bilder und Metaphern, ihre komplexe, vielschichtige Form, zeigt sich nur dem Leser, der sich auf ihre Intensität einläßt, der langsam und verletzlich durch diese Prosa geht: ihre Texte sind nur dem zugänglich, der sie so ernst nimmt, wie sie der Autorin sind."[82]

Herta Müller selbst räumte im Rückblick ein, daß *Barfüßiger Februar* einen End- und Wendepunkt in ihrem Schreiben markiere.[83] Das Thema Rumänien selbst war mit diesem Band weitgehend aus- und abgeschrieben; die Autorin, 1987 in den Westen übergesiedelt, wandte sich nun mit ihrem vierten Buch, *Reisende auf dem Bein* (Berlin 1989), einem Problem zu, daß der Erfahrungswelt des binnendeutschen Lesers nicht derartig weit entfernt war wie die Prosasammlung *Barfüßiger Februar*, deren vermeintliche teilweise Unverständlichkeit Herta Müller selbst aus einer Unvergleichbarkeit der Erfahrungswelten heraus zu erklären versucht hat[84], wie sie in *Reisende auf einem Bein* nun unmittelbar thematisiert werden.

---

[80] Martin Groß: Ein ferner Sender. Herta Müller: „Barfüßiger Februar". In: taz, 11.12.1987.
[81] Hans-Jürgen Schmitt: Herta Müller: Barfüßiger Februar. Rundfunkmanuskript. HR 1: „Das Buch der Woche", 10.1.1988. S. 4.
[82] Peter Laudenbach: Fremd war das Land! Herta Müllers Prosa. In: Der Unker, 74 (Dezember)/1987.
[83] Bewohner mit Handgepäck. Aus dem Banat nach Berlin ausgewandert – Die Schriftstellerin Herta Müller im Gespräch. In: DP, 7.1.1989.
[84] „Ich bin nach wie vor der Meinung, daß nicht die ‚Niederungen', sondern der ‚Barfüßige Februar' mein am stärksten rumäniendeutsches Buch ist. Wer im realen Sozialismus, wie es ihn in Rumänien gibt, gelebt hat, der versteht jeden Satz. Es sind nur sehr viele Erfahrungen – Allltagserfahrungen – nötig, um zu

Reisende auf einem Bein selbst wurde nach der als Vorstufe des Verstummens empfundenen Hermetik des *Barfüßigen Februar* als Rückkehr zum Erzählen und gleichzeitiger Neuanfang in der Form ebenso begrüßt wie die – vermeintlich nun wieder erreichte – Zugänglichkeit der Bildersprache. Katja Rauch konstatierte in der „Neuen Zürcher Zeitung": „Der charakteristische Ton ist der gleiche geblieben wie eh und je, knapp, spröd und ausdrucksstark. Doch insgesamt ist die Autorin auf ihrer stilistischen Reise ebenso Richtung Neuland gegangen wie in ihrem Leben. Neben der Abstraktheit des ‚Barfüssigen Februars' hat sie auch die surrealistische Bildermagie ihrer beiden ersten Bücher hinter sich gelassen."[85] Während die Autorin verschiedentlich weiter als „Meisterin der Assoziation"[86] bezeichnet wurde, sprachen andere Kritiker allerdings, in ihrer Erwartungshaltung auf eine Fortsetzung in der Gestaltung dieser magischen Bilderwelt der früheren Erzählungen offensichtlich getäuscht, vom Verbrauchen der Bilder und einem gelegentlich unbeholfenen expressionistischen Krachen der Sprache[87], konstatierten „schiefe Bilder, überdeutliche, beinahe platte Passagen"[88], kritisierten das Fehlen eines „Handlungsfaden[s], an dem man sich orientieren könnte"[89] oder sprachen von einer „nörgelnde[n] Sichtweise" auf die bundesrepublikanische Wirklichkeit, die „eher störend als erhellend"[90] wirke. Sibylle Cramer bemängelte die „Überanstrengung eines ex-

---

wissen, was jetzt gemeint ist. / Es ist nichts abstrakt in diesem Buch. Nur: ein Leser hier hat nicht den nötigen Hintergrund, um das alles zu wissen. [...] Das Buch war meine Abrechnung mit Rumänien vor dem Weggehen, und es bezieht sich vielleicht am stärksten und am direktesten auf konkrete Dinge aus Rumänien. Nun hat man aber das Gegenteil herausgelesen, was ich auch gar nicht beanstande. Man hat immer von Verstummen, von Sprachlosigkeit gesprochen. Das ist nicht so." (Ebd.)

[85] Katja Rauch: Balanceakt im neuen Land. Herta Müllers „Reisende auf einem Bein". In: NZZ, 22.11.1989.
[86] Verena Auffermann: Rauhe Romanzen. Herta Müllers neue Umsiedler-Erzählungen „Reisende auf einem Bein". In: NN, 4.10.1989.
[87] Reinhard Tschapke: Auf einem Bein. In: W, 10.10.1989.
[88] René Kegelmann: Im anderen Land. Herta Müller: Reisende auf einem Bein. In: Auftritt, 1/1990.
[89] Matthias Rüb: Das fremde Heimatland. Herta Müllers „Reisende auf einem Bein". In: FAZ, 10.10.1989.
[90] René Kegelmann: Im anderen Land [Anm. 88].

emplarischen Erzählens, das immer die Korrespondenz von Detail und Ganzem im Auge hat, und reklamierte das verloren gegangene „große europäische Thema", das poetische Durchmessen des geteilten europäischen Kontinents[91], das – quer dazu – andere Kritiker unter anderem gerade an Herta Müllers neuem Prosatext als die Entdeckung von „Themen eines europäischen Kulturraums"[92] in Teilen der deutschen Gegenwartsliteratur herausstellten.

Zwangsläufig mußte Herta Müllers Erzählung, mit der sich die Autorin erstmals auf die bundesrepublikanische Wirklichkeit als Erzählgegenstand einließ, auf eine geschärfte Aufmerksamkeit in der Kritik stoßen. In weiten Teilen der Rezeption steht dabei weniger die unmittelbare Frage von Emigration und Migration im Zentrum des Interesses als vielmehr der „fremde" Blick der Ankommenden auf die Wirklichkeit der Bundesrepublik, der das unter der Decke der westdeutschen Wohlstandsgesellschaft verborgene „archaische Fundament" sichtbar werden lasse. „Wie immer Märchen der böse Blick der Hexe die zu Strafenden in Schweine und Esel verzaubern kann", so Günter Franzen in der „Zeit", lasse Herta Müller mit dieser Wahrnehmungsoptik „das aufgeblähte Exterieur der Gesellschaft schrumpfen, bis das archaische Fundament sichtbar wird."[93] Peter Laudenbach stellt in diesem Zusammenhang als die besondere Erzählqualität des Textes heraus, daß es der Autorin gelinge, den Leser selbst „in diesen fremden Blick" hineinzuziehen, ihm „das Bekannte als Fremdes, Trostloses, in Wahrnehmungsfragmente Zerschnittenes"[94] zu zeigen; und Susanne Schaber sekundiert, das „eigene Ausgesetztsein in der Welt" sei „die schmerzliche Erfahrung, die nach der Lektüre zurückbleibt und als Irritation nicht so leicht

---

[91] Sibylle Cramer: Auf den Flügeln des Gefühls westwärts. Herta Müllers Erzählung „Reisende auf einem Bein". In: Tsp, 11.10.1989.
[92] Anonym: Herta Müller: Reisende auf einem Bein. In: Dietrichs Literaturbörse, 7 (Herbst)/1989.
[93] Günter Franzen: Test the West. Herta Müllers Prosa „Reisende auf einem Bein". In: Die Zeit, 10.11.1989.
[94] Peter Laudenbach: Jeder für jeden ein Passant. Herta Müllers „Reisende auf einem Bein". In: taz, 24.10.1989.

abzuschütteln ist."[95] Das völlige Scheitern in der Vermittlung von persönlicher und gesellschaftlicher Thematik dagegen ist der Kernpunkt einer Kritik in der Berliner Hochschulzeitung „Unisono". „In Metaphern erstickend", versuche die Autorin „ihrer inneren diffusen Zerrissenheit Ausdruck zu verleihen. Nichtigkeiten werden dramatisiert und mystifiziert."[96]

Perspektiven

Der angedeutete Meinungsstreit über Herta Müllers erste „westdeutsche" Erzählung tastet zwar die Ausnahmestellung der Autorin in der deutschen Literaturlandschaft nicht an, spiegelt aber einen Übergang zur Normalität innerhalb der Tageskritik, die selten zu einhelligen Meinungen tendiert. In paradoxer Weise ist Herta Müller so gerade mit diesem Buch über das Nichtheimischwerden und Nichtankommen endgültig im bundesdeutschen Literaturbetrieb angekommen. Zugleich zeichnet sich an der starken Betonung des Fremden als Wahrnehmungsperspektive innerhalb der publizistischen Kritik die Gefahr eines sich verfestigenden Rezeptionsschemas ab, das neben Herta Müller zugleich auch (und in ungleich stärkerem Maße) die anderen aus Rumänien stammenden Autoren betrifft. Richard Wagner bemerkte dazu 1989 während des Marburger Literaturforums: „Ich habe da einen Verdacht, nämlich daß man uns nicht einfach als Verfasser von Literatur, sondern als rumäniendeutsche Autoren wahrnimmt und daß man unsere Literatur strikt an jenen Bezirk bindet, aus dem sie kommt, und darüber hinaus nicht diskutiert."[97] Bis in die Gegenwart hinein hat so auch die Assoziationskette „Herta Müller-Banat-Minderheit" es verhindert, ihre Literatur unabhängig von ihrem (früheren) literarhistorischen Ursprungsort in ihrer Eigenständigkeit für sich wahrzunehmen. Hinzu kommt eine auffallende Zurückhaltung der Literaturwissenschaft dem Werk Herta Müllers gegenüber, die die Rezeption weitgehend auf die publizistische Literaturkri-

---

[95] Susanne Schaber: Mit einem Fuss im Osten, dem andern im Westen. „Reisende auf einem Bein", eine Erzählung der Rumäniendeutschen Herta Müller. In: LNN, 29.12.1989.
[96] Anonym: Reise ohne Zukunft. In: Unisono, 1/1989.
[97] [Richard Wagner: Diskussionsbeitrag in:] Nachruf auf die rumäniendeutsche Literatur. Hg. von Wilhelm Solms. Marburg 1990. S. 232.

tik mit den bekannten eingeschränkten Möglichkeiten der Gattung begrenzt. Versuche zu übergreifenden Darstellungen, die Entwicklungsprozesse nachzuzeichnen in der Lage wären oder den Blick über den rumäniendeutschen Kontext hinaus wagten, sind erst in Ansätzen oder gar nicht vorhanden. Es wäre an der Zeit, dieses Paradigma einer verfehlten Rezeption endgültig zu verabschieden. Im Falle Herta Müllers bedeutet dies die Anerkennung der Autorin in ihrer Eigenständigkeit als deutschsprachige Schriftstellerin aus Europa.

Verzeichnis der Abkürzungen

Sämtliche Werke Herta Müllers werden unmittelbar im fortlaufenden Text unter Verwendung einer Sigle und der Seitenzahl zitiert. Darüber hinaus werden in den Beiträgen und in der Auswahlbibliographie die nachfolgenden Abkürzungen verwendet.

Werke

BF	Barfüßiger Februar. Berlin 1987.
F	Der Mensch ist ein großer Fasan auf der Welt. Berlin 1986.
N	Niederungen. Berlin 1984.
R	Reisende auf einem Bein. Berlin 1989.
T	Der Teufel sitzt im Spiegel. Wie Wahrnehmung sich erfindet. Berlin 1991.

Zeitungen und Zeitschriften

AA	Augsburger Allgemeine
AllZ	Allgemeine Zeitung [Coesfeld]
AN	Aachener Nachrichten
AnZ	Andere Zeitung [Frankfurt/Main]
AZ (Mnch.)	Abendzeitung [München]
BadZ	Badische Zeitung [Freiburg]
BaZ	Basler Zeitung
BB	Böblinger Bote
BeZ	Berner Zeitung
BK	Bayernkurier [München]
BMP	Bremer Morgenpost
BN	Bremer Nachrichten
BNN	Badische Neueste Nachrichten [Karlsruhe]
BoR	Bonner Rundschau
BP	Banater Post [München]
DB	Der Bund [Bern]

DD	Der Donauschwabe [Aalen]
DE	Darmstädter Echo
DK	Donau-Kurier [Ingolstadt]
DL	Der Landbote [Winterthur]
DLZ	Dithmarscher Landeszeitung [Heide]
DNÄ	Die Neue Ärztliche [Frankfurt/Main]
DP	Die Presse [Wien]
DVZ	Deutsche Volkszeitung [Düsseldorf]
DW	Die Woche [Hermannstadt]
EvB	Evangelischer Buchberater [Göttingen]
EZ	Eßlinger Zeitung
FAZ	Frankfurter Allgemeine Zeitung
FG	Fachdienst Germanistik
FlTa	Flensburger Tageblatt
FR	Frankfurter Rundschau
FT	Fränkischer Tag [Bamberg]
GA	General-Anzeiger [Bonn]
GiA	Gießener Allgemeine
GT	Sankt Gallener Tagblatt
GüZ	Günzburger Zeitung [Augsburg]
GZ	Goslarsche Zeitung
HAZ	Hessische Allgemeine Zeitung [Kassel]
HN	Husumer Nachrichten [Flensburg]
HNA	Hessische/Niedersächsische Allgemeine [Kassel]
HS	Heilbronner Stimme
KaiR	Kaiserslauterner Rundschau
KK	Kulturpolitische Korrespondenz [Bonn]
KlZ	Kleine Zeitung (Graz)
KR	Karpatenrundschau [Brasov]
KrZ	Neue Kronenzeitung [Wien]
KSA	Kölner Stadt-Anzeiger
LDZ	Leine Deister Zeitung [Gronau]
LNN	Luzerner Neueste Nachrichten
MbZ	Mittelbayerische Zeitung [Regensburg]
MM	Mannheimer Morgen

MRZ	Mainzer Rhein Zeitung
NBZ	Neue Banater Zeitung [Temeswar]
NDH	Neue Deutsche Hefte
NL	Neue Literatur [Bukarest]
NN	Nürnberger Nachrichten
NW	Neuer Weg [Bukarest]
NWf	Neue Westfälische [Bielefeld]
NZ	Nürnberger Zeitung
NZZ	Neue Zürcher Zeitung
NP	Neue Presse [Coburg]
OT	Offenburger Tageblatt
OVZ	Oldenburgische Volkszeitung [Vechta]
Rh	Die Rheinpfalz [Ludwigshafen]
RM	Rheinischer Merkur/Christ und Welt [Bonn]
RNZ	Rhein-Neckar-Zeitung [Heidelberg]
SaZ	Saarbrücker Zeitung
SchwB	Schwarzwälder Bote [Oberndorf]
SchwZ	Schwäbische Zeitung [Leutkirch]
SoZ	Solothurner Zeitung
StN	Stuttgarter Nachrichten
StZ	Stuttgarter Zeitung
SvjB	Südostdeutsche Vierteljahresblätter
SWP	Südwestpresse [Tübingen]
SZ	Süddeutsche Zeitung [München]
TA	Tagesanzeiger [Maintal]
taz	Die Tageszeitung [Berlin]
TP	Tagespost [Aschaffenburg]
Tsp	Der Tagesspiegel [Berlin]
VB	Volksblatt [Berlin]
VuK	Volk und Kultur [Bukarest]
W	Die Welt [Hamburg]
WamS	Welt am Sonntag [Hamburg]
WAZ	Westdeutsche Allgemeine Zeitung [Essen]
WiesK	Wiesbadener Kurier
WiTa	Wiener Tagebuch

WK	Weser-Kurier [Bremen]
WLT	World Literature Today
WoZ	Wormser Zeitung
WP	Westfalenpost [Hagen]
WR	Westfälische Rundschau [Dortmund]
WVB	Westfälisches Volksblatt [Paderborn]
WW	Die Weltwoche [Zürich]

Rundfunkanstalten

BR	Bayerischer Rundfunk
BRT	Belgische Radio en Televisie
DLF	Deutschlandfunk
DRS	Radio der deutschen und der rätoromanischen Schweiz
DTW	Deutsche Welle
HR	Hessischer Rundfunk
NDR	Norddeutscher Rundfunk
ORF	Österreichischer Rundfunk
RIAS	Rundfunkanstalt im amerikanischen Sektor [Berlins]
SDR	Süddeutscher Rundfunk
SFB	Sender Freies Berlin
SR	Saarländischer Rundfunk
SWF	Südwestfunk
WDR	Westdeutscher Rundfunk

Dagmar Eke

Auswahlbibliographie (1972-1990)

„Annäherung an Herta Müller" – der Untertitel des Bandes gilt auch für diesen ersten Versuch einer bibliographischen Bestandsaufnahme, der nicht mehr als ein vorläufiges Zwischenergebnis sein kann und will. In der vorliegenden Form spiegelt die Bibliographie lediglich den Stand des Ermittelten, ohne Vollständigkeit zu erreichen. Dies ist einerseits durch das Fehlen bibliographischer und materialerschließender Vorarbeiten begründet, andererseits (und wichtiger) durch die nach wie vor erschwerte Zugänglichkeit rumäniendeutscher Publikationen, vor allem entsprechender Zeitschriften und Anthologien, die zum Teil nicht über den Fernleihverkehr beschafft werden konnten und darüber hinaus nur versprengt archiviert worden sind, was zeit- und kostenintensive Recherchen zu einer vollständigen Erfassung der Materialien notwendig macht. Sie konnten bis Redaktionsschluß nicht in jedem Fall abgeschlossen werden. Das gilt vor allem für die frühen Veröffentlichungen Herta Müllers (1969-1972) u.a. in der „Neuen Banater Zeitung" (Temeswar), die hier ausgeblendet werden müssen, um nicht den Anschein von Vollständigkeit zu erwecken, wo – gegenwärtig – in Wirklichkeit nur Eklektizismus vorgelegen hätte.

Das bibliographische Verzeichnis folgt in den einzelnen Unterabschnitten jeweils der Chronologie der Veröffentlichung. Soweit es sich um selbständige Veröffentlichungen Herta Müllers handelt, wurden lediglich die Erstveröffentlichungen katalogisiert; Zweitauflagen und Lizenzausgaben blieben unberücksichtigt, auf Übersetzungen wird lediglich pauschal hingewiesen. So weit wie möglich wurde dagegen die Resonanz auf die Werke Herta Müllers außerhalb der Bundesrepublik ebenso in die bibliographische Erfassung einbezogen wie – soweit Manuskripte der Sendungen dazu vorlagen – die Aufnahme ihrer Bücher in den Rundfunkmedien, die als wichtige Multiplikatoren weite Teile der Rezeption tragen. Wenn möglich wurde bei Veröffentlichungen in Zeitungen und Zeitschriften die Seitenzahl angegeben, um das Wiederfinden der entsprechenden Titel zu erleichtern; auf eine Angabe der Nummer wurde dagegen, abgesehen von den monatlich oder in größeren Abständen erscheinenden Periodika, verzichtet.

Der Berichtszeitraum endet im vierten Quartal 1990; spätere Veröffentlichungen wurden mit Ausnahme der wiederholt nach dem Umbruchexemplar zitierten Poetikvorlesungen *Der Teufel sitzt im Spiegel. Wie Wahrnehmung sich erfindet* nicht mehr berücksichtigt. Ergänzungen und Verbesserungen zu allen Abschnitten sind willkommen. Mein Dank gilt dem Rotbuch Verlag, Berlin, für seine bereitwillige Unterstützung.

I. Primärliteratur

1. Buchveröffentlichungen

Niederungen. Bukarest: Kriterion Verlag, 1982.
Drückender Tango. Bukarest: Kriterion Verlag, 1984.
Niederungen. Berlin: Rotbuch Verlag, 1984. (Lizenzvergaben zur Übersetzung ins Dänische, Finnische, Italienische, Spanische.)
Der Mensch ist ein großer Fasan auf der Welt. Berlin: Rotbuch Verlag, 1986. (Lizenzvergaben zur Übersetzung ins Englische, Französische, Griechische, Niederländische, Portugiesische, Schwedische, Spanische.)
Barfüßiger Februar. Berlin: Rotbuch Verlag, 1987. (Lizenzvergaben zur Übersetzung ins Dänische, Französische, Niederländische, Spanische.)
Reisende auf einem Bein. Berlin: Rotbuch Verlag, 1989 (Vorabdruck FAZ 24.8. – 23.9.1989). (Lizenzvergaben zur Übersetzung ins Dänische, Französische, Griechische, Italienische, Niederländische, Schwedische.)
Wie Wahrnehmung sich erfindet. Paderborner Universitätsreden 20. Hg. vom Rektorat der Universität-Gesamthochschule-Paderborn. Paderborn 1991.
Der Teufel sitzt im Spiegel. Wie Wahrnehmung sich erfindet. Berlin: Rotbuch Verlag, 1991.

2. Poetische Texte

1972

Am Schwengelbrunnen [Gedicht]. In: Wortmeldungen. Eine Anthologie junger Lyrik aus dem Banat. Hg. von Eduard Schneider. Temeswar 1972. S. 53.
Legende [Gedicht]. In: Wortmeldungen. Eine Anthologie junger Lyrik aus dem Banat. Hg. von Eduard Schneider. Temeswar 1972. S. 89.
Schleier der Zeit [Gedicht]. In: NBZ, 27. April 1972. S. 5.
Das Gras blieb stumm [Gedicht]. In: NBZ, 15. Juni 1972, S. 5.

1979

Irrlicht im Schnee. In: Im Brennpunkt stehen. Temeswar 1979.
Damals im Mai. In: NL, 5/1979. S. 15-16.
Abziehbild. In: NL, 5/1979. S. 16-18.
Der Mann mit der Zündholzschachtel. In: NL, 5/1979. S. 19-20.
Die Mäuse. In: NL, 5/1979. S. 20-22.
Die Lebenslinie. In: NL, 5/1979. S. 22-23.
Seitengassen. In: NL, 5/1979. S. 23-24.
Die Strassenkehrer. In: NL, 5/1979. S. 24-25.
Mutter, Vater und der Kleine. In: KR, 26. Oktober 1979. S. 4-5.
Der schwarze Kutsche. In: NL, 12/1979. S. 6-10.
Heini. In: NL, 12/1979. S. 10-13.
Grossmutters Schlaf. In: NL, 12/1979. S. 13-19.

1980

Der deutsche Scheitel und der deutsche Schnurrbart. In: NL, 6/1980. S. 5-6.
Die Grabrede. In: NL, 6/1980. S. 6-9.
Meine Familie. In: NL, 6/1980. S. 10-11.
Die Frösche. In: NL, 6/1980. S. 11-13.
Der Überlandbus. In: NL, 6/1980. S. 13-15.
Das Blockkomitee. In: NL, 6/1980. S. 15-18.
Comitetul de bloc. In: Transilvania, 7/1980. S. 29-30.
Dorfchronik. In: NL, 12/1980. S. 20-27.

1981

Dorfchronik [gekürzt]. In: Das Nachtcafé, 18/1981. S. 70-73.
Das schwäbische Bad. In: NBZ, 24. Mai 1981. S. 2/3.
Die Meinung. In: KR, 5. Juni 1981. S. 4-5.
Parerea. In: Transilvania, 7/1981. S. 32-33.
Gerda und Gerhard Greger. In: NL, 9/1981. S. 23-26.
Inge. In: NL, 9/1981. S. 26-30.
Schulbankgesicht. In: NL, 12/1981. S. 9-10.

Möbelstücke. In: NL, 12/1981. S. 10-13.

1982

Schulbankgesicht. In: Pflastersteine. Jahrbuch des Literaturkreises „Adam Müller-Guttenbrunn". Temeswar 1982. S. 117-119.
Möbelstücke. In: Pflastersteine. Jahrbuch des Literaturkreises „Adam Müller-Guttenbrunn". Temeswar 1982. S. 119-122.
Der Fernsprecher. In: Pflastersteine. Jahrbuch des Literaturkreises „Adam Müller-Guttenbrunn". Temeswar 1982. S. 122-123.
Unsere Stadt. In: Pflastersteine. Jahrbuch des Literaturkreises „Adam Müller-Guttenbrunn". Temeswar 1982. S. 123-125.
Der feste Platz. In: KR, 26. Februar 1982. S. 4-5.
Schwarzer Park. In: VuK, 3/1982. S. 32-33.
Die Taschenuhr. In: DW, 9. April 1982. S. 5.
Der Hakenmann. In: NL, 6/1982. S. 45-46.
Die Taschenuhr. In: NL, 6/1982. S. 46.
Der Regen. In: NL, 6/1982. S. 47.
In einem tiefen Sommer. In: NL, 6/1982. S. 48-52.
Das Licht, das aus den Bäumen fällt. In: NL, 6/1982. S. 52.

1983

Drückender Tango. In: NL, 3/1983. S. 3-5.
Die Stromuhr. In: NL, 3/1983. S. 6-7.
Wer seinen Teller nicht leer ißt. In: NL, 3/1983. S. 7-8.
Das Fenster. In: NL, 3/1983. S. 8-10.
Dreihundertneunundneunzig Jahre. In: NL, 3/1983. S. 10-12.
Cine nu-si goleste farfuria. In: Transilvania, 7/1983. S. 29.
In ziua aceea. In: Transilvania, 7/1983. S. 29-30.
Coarnele de cerb. In: Transilvania, 7/1983. S. 30.
Rote Milch. In: NL, 8/1983. S. 7-9.
Aufgewühlte Erde. In: NL, 8/1983. S. 9-11.
Wenn ich den Fuß beweg. In: NL, 8/1983. S. 11-13.
Eidechsen. In: NL, 8/1983. S. 13-14.

Die Schachtel der Einsamkeit. In: NL, 8/1983. S. 14-15.
Faule Birnen. In: NL, 8/1983. S. 15-20.

1984

Schwarzer Park. In: DW, 6. Januar 1984. S. 5.
Das Geweih. In: DW, 7. September 1984. S. 5.
Die große schwarze Achse. In: NL, 9/1984. S. 3-13.

1985

Die Grabrede. In: Tintenfisch 24. Jahrbuch für Literatur 1985. Hg. von Michael Krüger und Klaus Wagenbach. S. 27-30.
Matthias. In: NL, 8/1985. S. 21-41.

1986

Wenn ich mich tragen könnte. In: Die Zeit, 3. Januar 1986.
Eine Sommerreise in die Maramuresch. In: Zeit Magazin, 27. März 1986. S. 39-50.
Si je pouvais me porter. In: La nouvelle Alternative, September 1986. S. 21.
Ma famille. In : La nouvelle Alternative, September 1986. S. 21-22.

1987

Die tiefe Stelle. Aus der Siebenbürgen-Erzählung „Der Mensch ist ein großer Fasan auf der Welt". Du Irene (Wien), 23./24. Mai 1987.
Die Grabrede. In: Die Horen 32 (1987), Nr. 147: Das Wohnen ist kein Ort. Texte & Zeichen aus Siebenbürgen, dem Banat – und den Gegenden versuchter Ankunft. In memoriam Rolf Bossert. Hg. von Ernest Wichner. S. 84.
Die Straßenkehrer. In: Die Horen 32 (1987), Nr. 147: Das Wohnen ist kein Ort. Texte & Zeichen aus Siebenbürgen, dem Banat – und den Gegenden versuchter Ankunft. In memoriam Rolf Bossert. Hg. von Ernest Wichner. S. 113.

Im Sommer wächst das Holz. In: Die Horen 32 (1987), Nr. 147: Das Wohnen ist kein Ort. Texte & Zeichen aus Siebenbürgen, dem Banat – und den Gegenden versuchter Ankunft. In memoriam Rolf Bossert. Hg. von Ernest Wichner. S. 117.

Mein Herz fliegt durch die Wange. In: Die Horen 32 (1987), Nr. 147: Das Wohnen ist kein Ort. Texte & Zeichen aus Siebenbürgen, dem Banat – und den Gegenden versuchter Ankunft. In memoriam Rolf Bossert. Hg. von Ernest Wichner. S. 126.

Bleiben zum Gehn. In: Die Horen 32 (1987), Nr. 147: Das Wohnen ist kein Ort. Texte & Zeichen aus Siebenbürgen, dem Banat – und den Gegenden versuchter Ankunft. In memoriam Rolf Bossert. Hg. von Ernest Wichner. S. 147.

Abschied. In: Die Horen 32 (1987), Nr. 147: Das Wohnen ist kein Ort. Texte & Zeichen aus Siebenbürgen, dem Banat – und den Gegenden versuchter Ankunft. In memoriam Rolf Bossert. Hg. von Ernest Wichner. S. 148.

Schon hell das Nachtgewirr. In: Die Horen 32 (1987), Nr. 147: Das Wohnen ist kein Ort. Texte & Zeichen aus Siebenbürgen, dem Banat – und den Gegenden versuchter Ankunft. In memoriam Rolf Bossert. Hg. von Ernest Wichner. S. 173.

Der Mann, der nicht gegessen hat. In: Die Horen 32 (1987), Nr. 147: Das Wohnen ist kein Ort. Texte & Zeichen aus Siebenbürgen, dem Banat – und den Gegenden versuchter Ankunft. In memoriam Rolf Bossert. Hg. von Ernest Wichner. S. 176.

Schon hell das Nachtgewirr. In: Träume. Literaturalmanach 1987. Hg. von Jochen Jung. S. 114-115.

Wer nur Luft berührt, macht keine Reise. In: Akzente, 6/1987. S. 509.

Holunder wie zum Einschließen. In: Akzente, 6/1987. S. 510-511.

Der Mann, der nicht gegessen hat. In: Akzente, 6/1987. S. 511.

Bahnhofswelt. In: Akzente, 6/1987. S. 512.

Pfirsiche der Greise. In: Akzente, 6/1987. S. 512-513.

An den Zehen. In: Akzente, 6/1987. S. 513.

Mein Herz fliegt durch die Wange. In: FR, 8. August 1987. Zeit und Bild. S. 2.

1988

Irene: In: Jahresring. Jahrbuch für Kunst und Literatur 88-89. 1988. S. 153-155.

Holunder wie zum Einschließen. In: Aus fremder Heimat. Zur Exilsituation heutiger Literatur. Hg. von Günter Kunert 1988. S. 78-79.

Der Mann, der nicht gegessen hat. In: Aus fremder Heimat. Zur Exilsituation heutiger Literatur. Hg. von Günter Kunert 1988. S. 79-80.

Pfirsiche der Greise. In: Aus fremder Heimat. Zur Exilsituation heutiger Literatur. Hg. von Günter Kunert 1988. S. 81.

War so leblos wie ein roter Schal. In: Aus fremder Heimat. Zur Exilsituation heutiger Literatur. Hg. von Günter Kunert 1988. S. 81-82.

Quere. In: Aus fremder Heimat. Zur Exilsituation heutiger Literatur. Hg. von Günter Kunert 1988. S. 82.

Neue Prosa von Herta Müller. In: BaZ, 14. Mai 1988.

Der kalte Schmuck des Lebens. In: Forum Allmende. 2. Freiburger Literaturgespräch vom 18./19. November 1988. S. 17.

Dorfchronik. In: EZ, 10. Dezember 1988.

1989

Reisende auf einem Bein. [Auszug] In: Manuskripte, 103/1989. S. 41-44.

Das Bethaus (Auszüge aus: *Der Mensch ist ein großer Fasan auf der Welt*). In: Zum Weitergeben, April 1989. S. 43-45.

Die tiefe Stelle (Auszüge aus: *Der Mensch ist ein großer Fasan auf der Welt*). In: Zum Weitergeben, April 1989. S. 43.

Der Beamte. In: DVZ, 20. Oktober 1989.

1990

Heide. In: NL, 1-2/1990. S. 137-138.

3. Essays

1981

Dankrede [zur Verleihung des Adam-Müller-Guttenbrunn-Förderpreis 1981]. In: NBZ, 7. Juni 1981. S. 2/3.

1985

Ansprache der Preisträgerin [anläßlich der Verleihung des Literatur-Förderpreises der Freien Hansestadt Bremen 1984]. In: Die schwarze Botin, Juni/Juli/August 1985. S. 33-34.

1987

Auch das ist Schuld: das Hoffen ohne Grund. In: Die Zeit, 26. Juni 1987.
Rausschmisse und Entlassungen. Der rumänische Boß mehrt sein rechtmäßig erworbenes Eigentum. In: taz, 8. Oktober 1987 (zusammen mit Ernest Wichner).

1989

Ich muß mir manchmal in den Finger beißen. In: Die Zeit, 11. August 1989. S. 39.
Balanceakt im neuen Land. In: NZZ, 22. November 1989.
Der Preis des Tötens. Rumänien-Massaker und Tribunale. In: FAZ, 29. Dezember 1989. S. 23.

1990

Auf den Trümmern der Revolution. In: Zeit Magazin. S. 8-14.
Hunger und Seide. Die Hilflosigkeit der Sklavensprache – Weshalb Ceausescus Schrecken seinen Tod überlebt hat. In: FAZ, 16. Juni 1990.
Das wahre Engagement in der Fälschung. In: Die Zeit, 20. Juli 1990.

Tierliebe und Gottesfurcht. Herta Müller über die ZDF-Aussiedlerserie „Unter einem Dach". In: Der Spiegel, 17. September 1990. S. 261-265.

Ein deutscher Tropfen, und das Glas ist voll. In: du, 9/1990. S. 123.

Das Land am Nebentisch. In: du, 10/1990. S. 125.

Die Augenringe der Geiseln. In: du, 11/1990. S. 125.

Zwischen den Augen zwischen den Rippen. In: du, 12/1990. S. 123.

4. Gespräche, Interviews, Gesprächsprotokolle

1981

[Interview mit Herta Müller]. In: Forum studentesc, Mai 1981.

1982

„Und ist der Ort, wo wir leben". Schreiben aus Unzufriedenheit. Gespräch mit der Schriftstellerin Herta Müller. [Gespräch mit Annemarie Schuller] In: DW, 9. April 1982. S. 5. (Erneut in: Reflexe II. Aufsätze, Rezensionen und Interviews zur deutschen Literatur in Rumänien. Hg. von Emmerich Reichrath. Cluj-Napoca 1984. S. 121-125.

1984

Mir erscheint jede Umgebung lebensfeindlich. Ein Gespräch mit der rumäniendeutschen Schriftstellerin Herta Müller. [Gespräch mit Gebhard Henke] In: SZ, 16. November 1984. S. 13.

1986

Reitze, Paul F.: Banater Gegenwart. Im Gespräch mit Herta Müller. In: W, 16. Mai 1986. S. 2.

Kultur auf gepackten Koffern. Eine Schriftstellerin will weg aus Rumänien. [Gespräch mit Matthias Müller-Wieferig] In: Wiener Arbeiterzeitung, 15. Oktober 1986. S. 16-18. (U. d. T.: „Ein Fasan mit Ausreiseantrag. Die rumäniendeutsche Schriftstellerin Herta Müller über ihre Gründe im Land Ceausescus" erneut in SaZ, 7. Januar 1987; u. d. T.: „Schreiben damit es weitergeht" in: Brigitte, 24/1987. S. 153-154; u. d. T.: „Kultur auf gepackten Koffern. Ein Gespräch mit der rumäniendeutschen Schriftstellerin Herta Müller" in: taz, 24. März 1987.

1987

Warum Herta Müller Rumänien verließ. Ein Gespräch mit der Autorin der „Niederungen". [Gespräch mit K.K.] In: BK, 21. März 1987. S. 17.

Rimpel, Klaus: „In Rumänien hat sich gar nichts mehr bewegt". Gespräch mit Herta Müller und Richard Wagner. In: WR, 16./17. April 1987.

"Jetzt muß ich die Realitäten hier erst kennenlernen". Die deutschrumänische Schriftstellerin Herta Müller, die den Ricarda-Huch-Preis 1987 erhält, im Gespräch. In: DE, 24. April 1987.

„Jetzt hoffen die Rumänen auf Gorbatschow". Die Schriftsteller Herta Müller und Richard Wagner über die deutsche Minderheit im Ceausescu-Staat. [Gespräch mit Rainer Traub und Olaf Ihlau] In: Der Spiegel, 4. Mai 1987. S. 154-163.

Es wird alles erstickt. Ein Gespräch mit der rumäniendeutschen Autorin Herta Müller. [Gespräch mit Wilfried F. Schoeller] In: SZ, 9./10. Mai 1987. SZ am Wochenende. S. 1.

Haß hängt mit Angst zusammen. Die deutsch-rumänische Autorin Herta Müller lebt in Berlin und betrachtet den Westen mit Distanz. [Gespräch mit Carna Zacharias] In: AZ (München), 3. Juli 1987.

Alles, was ich tat, das hieß jetzt: warten. Die ausgewanderte rumäniendeutsche Schriftstellerin Herta Müller im Gespräch mit Klaus Hensel. In: FR, 8. August 1987. Zeit und Bild. S. 2.

1988

Herta Müller. Interview. [Gespräch mit Nicole Bary] In: Documents, 3/1988. S. 107-112.

Strecker, Manfred: Herta Müller auf Lesereise. Porträt. In: NWf, 31. Oktober 1988.

1989

Bewohner mit Handgepäck. Aus dem Banat nach Berlin ausgewandert – Die Schriftstellerin Herta Müller im Gespräch. [Gespräch mit Walter Vogl] In: DP, 7./8. Januar 1989.

Die Weigerung, sich verfügbar zu machen. Herta Müller und Richard Wagner im Gespräch. [Gespräch mit Bruno Preisendörfer] In: Zitty, 26/1989. S. 68f.

„Nachrichten aus der Resig-Nation". Rundfunkgespräch: SWF: „Forum im zweiten – Kultur", 10. Oktober 1989 (gedruckt in: Nachruf auf die rumäniendeutsche Literatur. Hg. von Wilhelm Solms Marburg 1990. S. 288-310).

1990

Sprachmühlen aufbrechen. Gespräch mit Autorin Herta Müller. [Gespräch mit Claudia Theurer] In: AZ (München), 28. März 1990.

Nirgends dazugehören. Ein Friedenszeitungs-Gespräch mit der rumänischen Autorin Herta Müller. [Gespräch mit Liliane Studer] In: Friedenszeitung, 5/1990. S. 20-22.

Die Wahrheit benennen und bekennen. Herta Müller – eine rumäniendeutsche Autorin aus dem Banat. [Gespräch mit Gertrud Raeber] In: DL, 7. Juli 1990. (U. d. T.: „‚Dichtung ist keine Therapie gegen Terror'. Ein Gespräch mit der rumäniendeutschen Schriftstellerin im Exil Herta Müller" erneut in: Zürichsee-Zeitung, 18. April 1990. S. 18.)

II. Sekundärliteratur

1979

Wagner, Richard: Von der Praxis der Literatur. Der Adam-Müller-Guttenbrunn-Kreis in der Saison 1978/79. In: KR, 6. Juli 1979. S. 1 u. S. 4-5.

Fromm, Walter: Vielfalt ist nicht alles. Eine Anthologie des Temeswarer Literaturkreises „Adam-Müller-Guttenbrunn". In: DW, 30. November 1979. S. 5.

1980

Wagner, Richard: Die Schreibenden angespornt. Temeswarer Adam-Müller-Guttenbrunn-Literaturkreis verlieh zum ersten Mal seinen Förderpreis. In: KR, 20. Juni 1980. S. 1 u. S. 7.

Weber, Horst: Eine Pflicht auf Dauer. Transilvania-Sonderheft mit rumäniendeutscher Literatur. In: DW, 12. September 1980. S. 5.

1981

Mack, Michael: Artisten, die sie sind. In: Das Nachtcafé, 18/1981. S. 75-80.

Wagner, Richard: Laudatio Herta Müller. In: NBZ, 7. Juni 1981. S. 2/3.

S., I.: „Ich muss mich wehren". Förderpreise für drei Banater Autoren. In: DW, 12. Juni 1981. S. 5.

Redaktionell: Von der Sauberkeit und vom Dünkel. In: NBZ, 21. Juni 1981. S. 2/3.

Anonym: Der Literaturkreis Adam-Müller-Guttenbrunn. In: NL, 7/1981. S. 120.

Sch., A.: Rumäniendeutsche Literatur – rumänisch. Zum Juli-Heft 1981 der in Sibiu erscheinenden Kulturzeitschrift „Transilvania". In: DW, 4. September 1981. S. 5.

1982

Löw, Adrian: Schmetterling spielt Vespe. Zu Herta Müllers „Niederungen" – Kriterion 1982. In: VuK, 3/1982. S. 32-33.

Anonym: Von unseren Verlagen – für Sie. „Niederungen". In: VuK, 3/1982. S. 29.

Reichrath, Emmerich: „...als wäre das ein Leben". Überlegungen zu Herta Müllers erstem Prosaband „Niederungen". In: NW, 29. Mai 1982. S. 4.

Seiler, Hellmut: Sachlich, aber phantasievoll. Zu Herta Müllers Prosaband „Niederungen", Kriterion Verlag, Bukarest. In: KR, 12. November 1982. S. 4-5.

Schuller, Horst: Literatur, die gebraucht wird. Deutsche Bücher – keine Ladenhüter hierzulande. In: KR, 16. Dezember 1982. S. 4-5.

1983

Motzan, Peter: „Und wo man etwas berührt, wird man verwundet." Zu Herta Müller: Niederungen, Prosa, Kriterion Verlag, Bukarest 1982. In: NL, 3/1983. S. 67-72.

Herbert, Rudolf: Die Einsamkeit der Sätze. Zu: Herta Müller. Niederungen. Prosa, Kriterion Verlag, Bukarest 1982. In: NL, 4/1983. S. 67-72.

Wagner, Richard: Die Frösche auf dem Tisch. Das Temeswarer „Thalia-Studio" des Studentenkulturhauses zeigt eine Montage mit Texten von Herta Müller. In: KR, 22. April 1983. S. 4-5.

Wagner, Richard: Artikulationsversuche in der Muttersprache. Der „Adam Müller-Guttenbrunn"-Literaturkreis in der Saison 1982/83. In: KR, 1. Juli 1983. S. 1 u. S. 4-5.

Britz, Helmut: Reise ins Herz der Wunde. Marginalien zu Herta Müllers Prosaband „Niederungen", Kriterion Verlag, Bukarest 1982. In: NL, 8/1983. S. 76-79.

Schnitzler, Edgar: Reicher Inhalt – vielfältige Formen. Der Temeswarer Literaturkreis „Adam Müller-Guttenbrunn" in der Saison 1982/83. Zum vierten Mal Literaturpreis verliehen. In: VuK, 8/1983. S. 24-26.

1984

Herbert, Rudolf: Die Einsamkeit der Sätze. Zu: Herta Müller, Niederungen, Prosa, Kriterion Verlag Bukarest 1982. In: NL, 4/1983 (erneut in: Reflexe II. Aufsätze, Rezensionen und Interviews zur deutschen Literatur in Rumänien. Hg. Von Emmerich Reichrath. Cluj-Napoca 1984. S. 129-137).

Stöberer, Heinrich: Ferne Stimme. In: KrZ, April 1984.

Henke, Gebhard: Poetischer Ausbruch aus dem engen Banat. Herta Müllers Prosa-Debüt „Niederungen". In: SZ, 12. April 1984. S. 3 (leicht gekürzt erneut in: NL, 7/1984. S. 77-78).

Wittstock, Uwe: Hundert Beete voll Mohn im Gedächtnis. „Niederungen" – ein erstaunlicher Prosaband der deutsch schreibenden Rumänin Herta Müller. In: FAZ, 17. April 1984. S. 3 (erneut in: NL, 7/1984. S. 78-80).

Mixner, Manfred: [Herta Müller: „Niederungen"]. Rundfunkmanuskript. ORF: „Steirisches Literaturmagazin", 28. April 1984. 3 Seiten.

Auffermann, Verena: Die Mördergrube. Düstere Bilder vom Leben im Banat: Herta Müllers „Niederungen". In: NZ, 12./13. Mai 1984. S. 23.

Strempel, Gesine: [Herta Müller: „Niederungen"]. Rundfunkmanuskript. Rias: „ANREDEN – Frau und Literatur", 13. Mai 1984. 5 Seiten.

Fran..., Angela: „Schöner Sonntag, besten Appetit." Eine Kindheit in deutschen Landen. In: taz, 24. Mai 1984. S. 10.

Huber, Rupert: Traurige Kindheit im Dorf. Das neue Buch „Niederungen" von Herta Müller. In: Arbeiterzeitung (Wien), 26. Mai 1984.

Reichrath, Emmerich: „„...als wäre das ein Leben". Überlegungen zu Herta Müllers Prosaband „Niederungen". In: NW, 29. Mai 1982 (erneut in: Reflexe II. Aufsätze, Rezensionen und Interviews zur deutschen Literatur in Rumänien. Hg. von Emmerich Reichrath. Cluj-Napoca 1984. S. 125-129).

Schneider, Bianca: Vor den Sommerferien im Poesie-Club. In: VuK, 6/1984. S. 21.

MMM: Deutsches aus der Ferne. In: Vox. Kasseler Magazin, Juni 1984.

Auffermann, Verena: Das Glück frißt uns das Leben. Herta Müllers Erstling „Niederungen". In: FR, 9. Juni 1984. Zeit und Bild. S. 3.

Anonym: Aus der Kinderperspektive. Herta Müllers Prosaband „Niederungen". In: NZZ, 9. Juni 1984. S. 35.

Reinsberg, Anna: Kurzrezension. Herta Müller, Niederungen. In: Emma, 17. Juni 1984.

Hoffmann-Rittberg, Sibylle: [Herta Müller: „Niederungen"]. Rundfunkmanuskript. NDR 3: „Neue Bücher", 5. Juli 1984. 5 Seiten.

Delius, Friedrich Christian: Jeden Monat einen neuen Besen. Über Herta Müller: „Niederungen". In: Der Spiegel, 30. Juli 1984. S. 119-123.

Hensel, Klaus: [Herta Müller: „Niederungen"]. Rundfunkmanuskript. HR: „Die Alternative – Kultur am Vormittag", 23. August 1984. 6 Seiten.

Michaelis, Rolf: Schöner Anfang: eine deutsche Erzählerin aus Rumänien. Angst vor Freude. Herta Müllers fünfzehn Prosastücke „Niederungen". In: Die Zeit, 24. August 1984. S. 35.

Anonym: Ein mitreissendes Meisterstück. „Der Spiegel" über Herta Müllers Prosa. In: DW, 31. August 1984. S. 5.

Mings, Ute: [Herta Müller: "Niederungen"]. Rundfunkmanuskript. BR: „Von neuen Büchern", 5. September 1984. 4 Seiten.

Neidhardt, Christoph: Sittengemälde aus fernen Landen. In: BaZ, 7. September 1984.

Hammer, J.: Ketzerei oder totale Verantwortungslosigkeit? In den rumäniendeutschen Dörfern lebte nie eine „grauenvolle Gesellschaft"! In: DD, 16. September 1984. S. 1/2.

Anonym: [Herta Müller: „Niederungen"]. Rundfunkmanuskript. ORF 1: „Welt der Literatur – Das Literaturmagazin", 17. September 1984. 1 Seite.

Anonym: Herta Müller auf Bestenliste. In: NBZ, 23. September 1984. S. 2/3.

Meidinger-Geise, Inge: Herta Müller. Niederungen. In: SVjB, 4/1984.

Csejka, Gerhardt: Herta Müller. Eine junge rumäniendeutsche Prosaschriftstellerin. In: Tribuna României, 1. Oktober 1984.

Middendorf, Ingeborg: Nachrichten aus der Provinz. In: tip, 5. Oktober 1984.

Anonym: Herta Müller. Drückender Tango. In: VuK, 10. Oktober 1984.

Schwartz, Leonore: [Herta Müller: „Niederungen"]. Rundfunkmanuskript. DLF: „Die Leseprobe", 11. Oktober 1984. 13. Seiten.

W., T.: „Neue Literatur" erschienen. In: NBZ, 14. Oktober 1984. S. 2/3.

Schwartz, Leonore: „Ein Kind sieht seine Umwelt. Zu Herta Müllers Prosaband „Niederungen". In: GA, 26. Oktober 1984. S. 13.

Anonym: Herta Müller: Niederungen. In: FG, 11/1984.

Anonym: [Herta Müller: „Niederungen"]. Rundfunkmanuskript. DTW: „Literaturmagazin", 1. November 1984. 3 Seiten.

Hartmann, Horst: [Herta Müller: „Niederungen"]. Rundfunkmanuskript. ORF 1: „Ex Libris", 4. November 1984. 4 Seiten.

N.: Fern der falschen Harmonie. Lyriker Rolf Haufs erhält Bremer Literaturpreis/Förderpreis für Herta Müller. In: WK, 13. November 1984.

N.: Fern der falschen Harmonie. Lyriker Rolf Haufs erhält Bremer Literaturpreis/Förderpreis für Herta Müller. In: BN, 13. November 1984.

Strunz, Claus: Sumpfige Seelandschaften. Zum Debütband „Niederungen der Deutschrumänin Herta Müller. In: Journal, 16. November 1984.

Hoffmann-Rittberg, Sibylle: Die Mühe, die man hat, mit diesem Leben. „Niederungen", Prosa von Herta Müller. In: DVZ, 23. November 1984. S. 12.

Hensel, Klaus: Bilder von jenseits der Schwelle. Herta Müller „Niederungen". In: KK, 25. November 1984.

lucard: Aspekte-Literaturkandidatin Herta Müller. In: Pavillion (Kaiserslautern), Dezember 1984.

P. F. R.: Nachts kommt der Traum durch den Hinterhof ins Bett. Auf der rumäniendeutschen Sprachinsel: Herta Müller bekommt für ihren Erstling „Niederungen" den „aspekte"-Literaturpreis. In. RM, 7. Dezember 1984. S. 17.

Maurer, Renate: [Herta Müller: „Niederungen"] Fernsehmanuskript. Bayern III: „Lesezeichen. Kultur – Belletristik – Wissenschaft", 8. Dezember 1984. 3 Seiten.

Totok, William: Das Dorf irgendwo in der Heide. Bemerkungen zu Herta Müllers zweitem Prosaband: „Drückender Tango", Kriterion Verlag, Bukarest, 1984. In: NBZ, 9. Dezember 1984. S. 2/3.

Schwartz, Leonore: Am Fuße der Karpaten. Das bemerkenswerte Debüt einer rumäniendeutschen Erzählerin. in: Literaturblatt, 16. Dezember 1984.

Schwartz, Leonore: Am Fuße der Karpaten. Das bemerkenswerte Debüt einer rumäniendeutschen Erzählerin. in: Tsp, 16. Dezember 1984. S. 51.

Anonym: „Niederungen" von Herta Müller. In: WamS, 16. Dezember 1984.

Anonym: Bücher im Gespräch. Herta Müller: Niederungen. In: Buchreport, 20. Dezember 1984.

Brugger, Alfred: Von deutscher Niedertracht. Prosa einer Rumäniendeutschen. In: HAZ, 22. Dezember 1984.

Brugger, Alfred: Von deutscher Niedertracht. Prosa einer Rumäniendeutschen. In: LDZ, 22. Dezember 1984.

Schneider, H.: Eine Apotheose des Häßlichen und Abstoßenden. Anmerkungen zu Herta Müllers „Niederungen". In: BP, 23/24 Dezemberheft 1984. S. 19-21.

Schneider, H.: Eine Apotheose des Häßlichen und Abstoßenden. Anmerkungen zu Herta Müllers „Niederungen". In: DD, Weihnachten 1984. S. 6.

Brugger, Alfred: Von deutscher Niedertracht. Prosa einer Rumäniendeutschen. In: HNA, 28. Dezember 1984.

LaRoche, Emanuel: Der poetische Druck. In: TA, 29. Dezember 1984.

1985

Götz, Dorothea: „Vom Ende einer heilen Welt". Herta Müllers „Niederungen". In: Beiträge zur deutschen Literatur in Rumänien seit 1918. Hg. von Anton Schwob. München 1985. S. 97-102.

Heinz, Franz: Kosmos und Banater Provinz. Herta Müller und der unliterarische Streit über ein literarisches Debüt. In: Beiträge zur deutschen Kultur. Forschungen und Berichte, 2/1985. S. 80-89. (Nachdruck in: Beiträge zur deutschen Literatur in Rumänien seit 1918. Hg. von Anton Schwob. München 1985. S. 103-112.)

Schimkus, Andreas: Müller, Herta: Niederungen. Erzählungen einer deutschsprachigen Schriftstellerin aus dem Banat (Rumänien). In: EvB, 1/1985.

tispe: Im Hörfunk: Im Klammergriff der Dorfidylle. Als „Geschichte der Woche": Der Prosaband „Niederungen". In: SZ, 16. Januar 1985. S. 11.

Lesch, Helmut: Lapidare Prosa. Frisch gekürt mit dem Aspekte-Preis des ZDF: Herta Müllers Prosa-Band „Niederungen", Rotbuch Verlag. In: AZ (München), 16. Januar 1985.

bs: Beunruhigende Gedichte. In: GZ, 20. Januar 1985.

Wochele, Rainer: Nachrichten aus einem fremden Schwaben. Armut und Niedergang, beschrieben von einer deutschsprachigen Autorin aus Rumänien. In: StZ, 24. Januar 1985. S. 16.

Anonym: Phantasien in plastischer Prosa. Bamberger Lesung Herta Müllers aus ihrem Band „Niederungen". In: FT, 24. Januar 1985.

Anonym: „Befreiung des Wortes von der Vormundschaft des Vorurteils". Bremer Literaturpreis an Lyriker Rolf Haufs – Förderpreis für Herta Müller. In: OVZ, 24. Januar 1985.

Anonym: Ein Preis für „Juniabschied". In: BMP, 29. Januar 1985.

mam: Lebensengel und Todesengel. Verleihung der Bremer Literaturpreise an Rolf Haufs und Herta Müller. In: BN, 29. Januar 1985.

mam: Lebensengel und Todesengel. Verleihung der Bremer Literaturpreise an Rolf Haufs und Herta Müller. In: WK, 29. Januar 1985.

A.R.: Herta Müller. Niederungen. In: Emma, 3/1985.

Kanitz, Hans: In den Niederungen des Lebens. Eine fast schon pathologische Freude am Gemeinen. In: BNN, 2. März 1985.

Ost.: Roman. Herta Müller – Niederungen. In: Coolibri, 4/1985.

Frauendorfer, Helmuth: Das Dorf ist eine schwarze Krähe. Die Dimensionen eines kleinen Dorfes. Herta Müllers Prosa der schönen Sätze. In: DW, 5. April 1985. S. 5.

Anonym: Herta Müller. In: KlZ, 8. Mai 1985.

Musker, Heinz: Rumänische Prosa-Poesie im Grazer Forum: Literatur und Cognac. In: Krone, 11. Mai 1985.

A.P.: Eine Autorin aus Rumänien. In: NZ, vom 12. Mai 1985.

Bartens, Gisela: Kein Entrinnen aus dem System. Lesung Herta Müller im Forum. In: TP, 12. Mai 1985.

Janz, Marlies: Laudatio auf Herta Müller. In: Die schwarze Botin, Juni/Juli/August 1985. S. 32-33.

Schuller, Annemarie: Ihre Mittel: arm und reich zugleich. Zur Prosa von Herta Müller. Drückender Tango. In: KR, 14. Juni 1985. S. 4-5.

Lüdtke, S.: [Herta Müller: „Niederungen"]. Rundfunkmanuskript. SDR: „Lesezeichen", 3. Juli 1985. 9 Seiten.

Terras, Rita: Herta Müller. Niederungen. West Berlin. Rotbuch. 1984. In: WLT, Herbst 1985.

Holm, Hans Axel: Inavlade drömmar. Herta Müller om en folkspillra i Rumänien. In: Dagens Nyheter, 24. Oktober 1985.

Wistrand, Sten: Barni ett land av örfilar. In: Motala Tidning, 31. Oktober 1985.

Stridh, Rolf: I slit och dynga. In: Helsingborgs Dagblad, 6. November 1985.

Sjörgren, Henrik: Bortglömd värld. In: Arbetet, 9. Dezember 1985.

1986

Hensel, Klaus: Härtere Gangart. Schriftsteller in Rumänien: Staat und Partei im Konflikt mit Autoren. In: RNZ, 7. Januar 1986.

Clason, Synnöve: En oförklarlig vuxenvärld. In: SuD, 3. Februar 1986.

Steensen-Leth, Bodil: Unik roman og litterær nyskabelse. In: Morgenavisen Jyllands Posten, 11. Februar 1986.

Barfoed, Niels: Et andet Europa. Bevoegende rumoensk prosa. In: Politiken, 12. Februar 1986.

Saxtrorph, J. William: Den frygtelige barndom. In: Information (UP), 13. Februar 1986.

Schmidt, Mathias: Bukarester Jagdszenen. Vom Umgang mit Schriftstellern in Rumänien. In: SZ, 15. Februar 1986. S. 3/4.

Ballegaard, Anneliese: Rumænsk provinsliv. In: Fyens Stiftstidende, 21. Februar 1986.

Ravn, Peter: Svanesang. In: Berlingske Aften, 21. Februar 1986.

Anonym: Was es so zu lesen gibt: Ende Februar beginnt der Bücher-Frühling. Die „Rättin" führt den Reigen an ... Herta Müller: „Der Mensch ist ein großer Fasan auf der Welt". In: HN, 22. Februar 1986.

Anonym: Intressant debut. Herta Müller: Flackland, Förlag. Alba. In: Sydsvenska Dagbladet, 26. Februar 1986.

Balgård, Gunnar: Genom barnets ögon. In: Västerbottens-Kuriren, 1. April 1986.

Anonym: Viele weibliche Autoren. Herta Müller: „Der Mensch ist ein großer Fasan auf der Welt". In: DLZ, 4. April 1986.

Hondimann, Eva: [Herta Müller: „Der Mensch ist ein großer Fasan auf der Welt"]. Rundfunkmanuskript. ORF 1: „Ex Libris", 20. April 1986. 2 Seiten.

Huber, Rupert: Der lange Abschied von der Mühle im Banat. „Der Mensch ist ein großer Fasan auf der Welt" – eine Erzählung von Herta Müller. In: AA, 26./27. April 1986.

Huber, Rupert: Der lange Abschied von der Mühle im Banat. „Der Mensch ist ein großer Fasan auf der Welt" – eine Erzählung von Herta Müller. In: GüZ, 26./27. April 1986.

Anonym: Herta Müller: „Der Mensch ist ein großer Fasan auf der Welt". In: MID-Nachrichten, Mai 1986. S. 33.

Toth, Jürgen: „... und schrieben sich hinweg aus dem Land". Deutsche Dichter in Rumänien. In: Umbruch, 5-6/1986. S. 73-77.

Neidhardt, Christoph: Verlust der Menschlichkeit. Eine neue Erzählung der Rumänin Herta Müller. Herta Müller: „Der Mensch ist ein großer Fasan auf der Welt". In: WW, 1. Mai 1986. S. 64.

Klenner, Ulrich: [Herta Müller: „Der Mensch ist ein großer Fasan auf der Welt"]. Rundfunkmanuskript. BR 2: „Kultur aktuell", 6. Mai 1986. 2 Seiten.

Anonym: [Herta Müller: „Der Mensch ist ein großer Fasan auf der Welt"]. Rundfunkmanuskript. SDR 3: „Buchtip", 9. Mai 1986. 2 Seiten.

Bolduan, Viola: Sprache einer Enklave. Ausreise aus rumäniendeutschem Dorf. Herta Müller: „Der Mensch ist ein großer Fasan auf der Welt". In: WiesK, 11. Mai 1986.

E.H.: Grabrede für ein Dorf. Herta Müllers Erzählung „Der Mensch ist ein großer Fasan auf der Welt". In: NZZ, 11./12. Mai 1986. S. 53.

Groß, Martin: Keine Emigration. Herta Müllers neue Erzählung. Herta Müller: „Der Mensch ist ein großer Fasan auf der Welt". In: taz, 14. Mai 1986. S. 13.

Weinzierl, Ulrich: Vom Stillstand der Zeit: Eine Erzählung der rumäniendeutschen Dichterin Herta Müller. Herta Müllers „Der Mensch ist ein großer Fasan auf der Welt". In: FAZ, 31. Mai 1986.

T.G.: Im Ödland der Finsternis und Beziehungslosigkeit. Herta Müller: „Der Mensch ist ein großer Fasan auf der Welt". In: KlZ, 31. Mai 1986.

Cramer, Sibylle: Die Nachtwache des Müllers Windisch. Herta Müllers „Der Mensch ist ein großer Fasan". In: FR, 31. Mai 1986. S. 4.

Brantsch, Ingmar: Unredlich und undankbar. In: Feder, 6/1986. S. 6 u. 36.

R., Ch.: Heimat und Tod. Herta Müller: „Der Mensch ist ein großer Fasan auf der Welt". In: WiTa, 6. Juni 1986. S. 28.

Jansen, Hans: Fremde Heimat. Herta Müller: „Der Mensch ist ein großer Fasan auf der Welt". In: WAZ, 7. Juni 1986. S. 4.

Hüfner, Agnes: Ohne Zeiger ist die Zeit. Herta Müllers Erzählung vom Warten und Ausreisen. Herta Müller: „Der Mensch ist ein großer Fasan auf der Welt". In: SZ, 14./15. Juni 1986. S. IV.

Ritter, Robert: Alltagsbeobachtungen aus dem Banat. Herta Müllers neues Buch „Der Mensch ist ein großer Fasan auf der Welt". In: DNÄ, 16. Juni 1986.

Bormann, Alexander von: [Herta Müller: „Der Mensch ist ein großer Fasan auf der Welt"]. Rundfunkmanuskript. RB 2: „Journal am Morgen – Aus Kultur und Gesellschaft", 18. Juni 1986. 2 Seiten.

Barfoed, Niels: Nationens stilhed i det flade brød. Rumoensk-tyske intellektuelle forfølges i deres hjemland. In: Politiken, 19. Juni 1986.

Zimmermann, Verene: Eine Welt, die aus den Fugen ist. Die deutschrumänische Schriftstellerin Herta Müller. In: SoZ, 10. Juli 1986.

Auffermann, Verena: Die Armut sitzt am Tisch. Die Zeit ist stehengeblieben: Herta Müllers Erzählung „Der Mensch ist ein großer Fasan auf der Welt". In: NN, 17. Juli 1986. S. 19.

Auffermann, Verena: Das lange warten auf einen Pass. „Der Mensch ist ein großer Fasan auf der Welt" heisst das neue Buch von Herta Müller. In: BaZ, 18. Juli 1986.

Zimmermann, Verena: Die verordnete Ordnung. Die deutsch schreibende Rumänin Herta Müller. In: GT, 18. Juli 1986.

Ayren, Armin: Lakonischer Satz, komplexe Welt. Eine Erzählung von Herta Müller. Herta Müller: „Der Mensch ist ein großer Fasan auf der Welt". In: StZ, 19. Juli 1986. S. 50.

Lerch, Gisela: [Herta Müller: „Der Mensch ist ein großer Fasan auf der Welt"]. Rundfunkmanuskript. SFB 1. u. 3: „Buchzeit", 21. Juli 1986. 5 Seiten.

Behrend, Katrin: Die Zeit ist tot. Herta Müller: „Der Mensch ist ein großer Fasan...". In: AZ (München), 22. Juli 1986.

Reitze, Paul F.: Wo der Paß zum Strohhalm wird. Eine Apokalypse aus Siebenbürgen: Prosa der rumäniendeutschen Autorin Herta Müller. In: W, 2. August 1986. S. 19.

Heinrich-Jost, Ingrid: "Jeder Satz ein Schlag". Großes poetisches Erzähltalent: Herta Müller aus dem Banat. Herta Müller: „Der Mensch ist ein großer Fasan auf der Welt". In: Tsp, 7. September 1986. S. 57.

Rieger, Wolfgang: Trostlose Abgeschlossenheit. Herta Müller: „Der Mensch ist ein großer Fasan auf der Welt". In: Stadtzeitung Freiburg, 8. September 1986.

Stromberg, Kyra: [Herta Müller: „Der Mensch ist ein großer Fasan auf der Welt"]. Rundfunkmanuskript. DTW: „Bücherkiste", 15. September 1986. 3 Seiten.

Hof: „Der Mensch ist ein großer Fasan auf der Welt". Das neue Buch von Herta Müller. In: BP, 20. September 1986.

Th. T.: Herta Müller: "Der Mensch ist ein großer Fasan auf der Welt". In: DB, 20. September 1986.

Stromberg, Kyra: Ballade einer Auswanderung. Herta Müller: „Der Mensch ist ein großer Fasan auf der Welt". In: Der siebente Tag, 20./21. September 1986.

Brugger. Alfred: Lauter Hauptsätze. Herta Müller: „Der Mensch ist ein großer Fasan auf der Welt". In: HNA, 18. Oktober 1986.

Ruoss, Hardy: Herta Müller: „Der Mensch ist ein großer Fasan auf der Welt". In: LNN, 31. Oktober 1986.

Broos, Susanne: Ein großer Fasan... In: AnZ, November 1986.

Stromberg, Kyra: Verlust einer Welt. Deutsche in Rumänien – Herta Müllers Auswanderungs-Ballade. In: SaZ, 6. November 1986. S. 27-29.

Marin, Marcel: Die Realität und ihr Eigenleben. Rumäniendeutsche Schrifsteller in ihrem Land. In: EZ, 29. November 1986.

Isele, Klaus: Sterben einer Dorfgemeinschaft. Herta Müller: „Der Mensch ist ein großer Fasan auf der Welt". In: FT, 3. Dezember 1986.

Kanitz, Hans: An den Grenzen der Verknappung. Herta Müllers neuer Roman aus der Banater Heimat. (Fasan). In: SchwZ, 12. Dezember 1986.

Zimmermann, Verena: Verrückte Welt. Herta Müller: „Der Mensch ist ein großer Fasan auf der Welt". In: BaZ, 19. Dezember 1986.

1987

Bartens, Daniela: Herta Müller: Der Mensch ist ein großer Fasan auf der Welt. In: Gangan. Jahrbuch 1987. S. 94-96.

Homann, Ursula: Herta Müller: „Der Mensch ist ein großer Fasan auf der Welt". In: Deutsche Bücher, 1/1987. S. 32-33.

Fühner, Ruth: [Herta Müller: „Der Mensch ist ein großer Fasan auf der Welt".] Rundfunkmanuskript. HR: „Die Alternative – Kultur am Vormittag", 8. Januar 1987. 5 Seiten.

Kessler, Dieter: Herta Müller. „Der Mensch ist ein großer Fasan auf der Welt". In: Beiträge zur deutschen Kultur, 2/1987. S. 73f.

JBB.: Journal. Herta Müller aus Rumänien ausgereist. In: W, 4. März 1987. S. 23.

Anonym: Die rumäniendeutschen Schriftsteller Richard Wagner und Herta Müller fanden jetzt eine Zuflucht in Österreich. In: WR, 5. März 1987.

dpa.: Herta Müller verläßt Rumänien. In: SZ, 5. März 1987. S. 41.

dpa: Zwei rumäniendeutsche Autoren konnten ausreisen. Richard Wagner zum „Literarischen März" eingeladen. In: DE, 5. März 1987.

dpa: Zwei Autoren kamen aus Rumänien. In: BoR, 5. März 1987.

dpa: Zwei rumäniendeutsche Autoren konnten in den Westen ausreisen. Herta Müller und Richard Wagner wollen in Berlin leben. In: HN, 5. März 1987.

dpa: Zwei rumäniendeutsche Autoren konnten in den Westen ausreisen. Herta Müller und Richard Wagner wollen in Berlin leben. In: FlTa, 5. März 1987.

Anonym: Autoren konnten ausreisen. In: HS, 5. März 1987.

Anonym: Herta Müller und ihr Mann im Westen. Zwei rumäniendeutsche Autoren konnten ausreisen. Derzeit im Durchgangslager Zirndorf. In: MbZ, 5. März 1987.

dpa: Rumäniendeutsche Schriftsteller Müller und Wagner in Berlin. In: GiA, 10. März 1987.

dpa: Rumäniendeutsche Schriftsteller Müller und Wagner in Berlin. In: GA, 10. März 1987.

dpa: Rumäniendeutsche Schriftsteller wollen in Berlin leben. In: VB, 11. März 1987.

Anonym. Herta Müller. In: DP, 14./15. März 1987.

Anonym: Kurz notiert. In: WiesK, 18. März 1987.

Michaelis, Rolf: Angekommen wie nicht da. In: Die Zeit, 20. März 1987. S. 51-52.

H. J.: Meine Birke am Hochhaus. In: WAZ, 21. März 1987.

Anonym: Ricarda-Huch-Preis für Herta Müller. In: Die Zeit, 27. März 1987. S. 66.

rf: Ricarda-Huch-Preis für Herta Müller. In: DE, 27. März 1987.

Anonym: Herta Müller. Erhält den Ricarda-Huch-Preis. In: FAZ, 28. März 1987. S. 25.

Anonym: Herta Müller: „Der Mensch ist ein großer Fasan auf der Welt". In: Documents/Revue des Questions allemandes, April 1987.

Fassel, Horst: Eine „Transsylvanische Reise" ins Banat. Das Banat-Bild bei Rolf Michaelis in der Zeit. In: BP, 5. April 1987. S. 10f.

Dickermann, Fred: [Herta Müller: „Der Mensch ist ein großer Fasan auf der Welt"]. Rundfunkmanuskript. ORF-Regional: „Radio Kärnten aktiv – Literatur", 12. April 1987. 1 Seite.

Rimpel, Klaus: „Ich konnte es nicht mehr ertragen". Herta Müller und Richard Wagner haben Rumänien verlassen. In: Tsp, 19. April 1987. S. 4.

Eisenhauer: Der Mensch ist ein großer Fasan auf der Welt von Herta Müller. In: Zeitschrift für das Fürsorgewesen, Nr. 5 (Mai) 1987. S. 119.

Denneler, Iris: Neuberliner? Wahlberliner? „Literatur um 16 Uhr" im Hamburger Bahnhof. In: Tsp, 26. Mai 1987. S. 4.

Anonym: Literaturdienstag. In: Wochenblatt für Kaiserslautern, 27. Mai 1987.

Jergius, Holger: Visionär in der Badewanne. Rumänien als deutsche Literaturprovinz – Dieter Schlesak und Herta Müller. In: NZ, 13. Juni 1987. S. 2.

mdr.: Geschrieben, um zu ertragen. Herta Müller, ehemals Rumänien, las in Saarbrücken. In: SaZ, 15. Juni 1987. S. 6.

Kubelka, Margarete: Unfrohes Lachen mit Herta Müller. Ricarda-Huch-Preis der Stadt Darmstadt an die rumäniendeutsche Autorin überreicht. In: DE, 19. Juni 1987.

cid: Aparte Feier. In: DE, 19. Juni 1987.

Anonym: Ein Nachklang quasi zum X. Kolloquium. In: WR, 24. Juni 1987.

Anonym: Autorin Herta Müller liest heute im Alten Rathaus Prosa-Werke. In: WP, 30. Juni 1987.

Anonym: „Der Mensch ist ein großer Fasan auf der Welt". Zweimal Literatur in Arnsberg. In: WP, 3. Juli 1987.

Schw.: Die Schriftstellerin Herta Müller las in der Buchhandlung Bittner. Wenig Freude. In: KSA, 3. Juli 1987.

Scherer, Anton: Ist Kunst in Rumänien „autonom"? Landsmannschaft kontra „Südostdeutsches Kulturwerk". Der Fall Herta Müller aus anderer Perspektive. In: DD, 20. Juli 1987.

Haefs, Gabriele: Vesttysk litteratur idag. In: Morgenblatt (Oslo), 10. September 1987. S. 24-25.

Maurer, Renate: [Herta Müller: „Barfüßiger Februar"]. Fernsehmanuskript. Bayerm III: „Lesezeichen. Kultur – Belletristik – Wissenschaft", 23. September 1987. 3 Seiten.

Cramer, Sibylle: [Herta Müller: „Barfüßiger Februar"]. Rundfunkmanuskript. WDR 3: „Meinungen über Bücher", 24. September 1987. 6 Seiten.

Götz, Thomas: Worte ohne Fingerabdruck vom letzten Vorbenützer. Herta Müller: „Barfüßiger Februar". In: KlZ, 2. Oktober 1987.

Hüfner, Agnes: Das Thema heißt Abschied. „Barfüßiger Februar", die dritte Prosasammlung Herta Müllers. In: SZ, 7. Oktober 1987. S. 11.

Cramer, Sibylle: Provinz als mentaler Zustand. Herta Müllers neue Prosa „Barfüßiger Februar". In: FR, 7. Oktober 1987. S. 10.

Marin, Marcel: Auf die Wange sprang ihr rächend der Frosch. Herta Müller: „Barfüßiger Februar". In: BaZ, 7. Oktober 1987.

Marin, Marcel: Auf den Wangen die Spur der Finger. Erzählungen von Herta Müller sind im Rotbuch-Verlag erschienen. Herta Müller: „Barfüßiger Februar". In: EZ, 10./11. Oktober 1987.

Sayah, Amber: Keine Wehmut, sondern Haß. Die rumäniendeutsche Autorin Herta Müller in Ludwigsburg. In: StZ, 17. Oktober 1987. S. 24.

Ritter, Robert: Endgültige Heimat-Abschiede. Herta Müllers literarische Texte verarbeiten rumänische Verhältnisse. Herta Müller: „Barfüßiger Februar". In: DNÄ, 20. Oktober 1987.

Vogt, Heribert: Angekommen wie nicht da. Herta Müller las in der Stadtbücherei Heidelberg. In: RNZ, 21. Oktober 1987.

I.D.: Der Mensch ist ein großer Fasan. Von Herta Müller. In: Zitty, 11/1987.

Spendel, Giovanna: Herta Müller „Bassure". In: Fiabesco presepe tedesco, 4. November 1987.

Hartwig, Heinz: [Herta Müller: "Barfüßiger Februar"]. Rundfunkmanuskript. ORF-Regional: „Steirisches Literaturmagazin", 7. November 1987. 1 Seite.

Krall, Günter: Verstrickung der Einsamen. Herta Müller: „Barfüßiger Februar". In: Rh, 16. November 1987.

Anonym: [Herta Müller: „Barfüßiger Februar"]. Rundfunkmanuskript. SDR: „Buchtip", 17. November 1987. 2 Seiten.

Huther, Christian: Was ist das für ein Land? Herta Müllers Prosaband „Barfüßiger Februar". In: GA, 28./29. November 1987.

Anonym: Herta Müller: Barfüßiger Februar. In: FG, 12/1987. S. 14.

Diederich, Alex: Rumäniendeutsche. Herta Müller. Niederungen. In: Pogrom, Nr. 137, 12/1987.

Anonym: Herta Müller. Niederungen. In: Pogrom, Nr 137, Dezember 1987. S. 47.

Laudenbach, P.: Fremd war das Land! Herta Müllers Prosa. „Barfüßiger Februar". In: Der Unker, Nr. 74/Dezember 1987.

Anonym: Herta Müller: Barfüßiger Februar. Poesievolle Prosa. In: Der Luxemburger, 2. Dezember 1987.

Auffermann, Verena: Abschied und Ankunft in der Kälte. Von Temeswar nach Berlin – Herta Müllers „Barfüßiger Februar". In: SaZ, 5./6. Dezember 1987. S. 9.

Auffermann, Verena: Wie in einem Spiegel. Schweigen zwischen den Worten – Herta Müllers Prosa „Barfüßiger Februar". In: NN, 5./6. Dezember 1987.

Lenssen, Claudia: [Herta Müller: „Barfüßiger Februar"]. Rundfunkmanuskript. SFB: „Buchzeit", 7. Dezember 1987. 6 Seiten.

Matt, Beatrice von: Gefangen im Verlorenen. Neue Prosa von Herta Müller. Herta Müller: Barfüßiger Februar. In: NZZ, 11. Dezember 1987. S. 45.

Groß, Martin: Ein ferner Sender. Herta Müller: „Barfüßiger Februar". In: taz, 11. Dezember 1987. S. 16.

Ott, Paul: Poetische Prosa zwischen zwei Welten. Herta Müller. „Barfüßiger Februar". In: BeZ, 11. Dezember 1987.

Trost, Ernst: An der Schwelle. Herta Müller. „Barfüßiger Februar". In: KrZ, 14. Dezember 1987.

Anonym: Barfüßiger Februar. In: Kufstein aktuell, 23. Dezember 1987.

1988

Anonym: Herta Müller. In. Autorenlexikon deutschsprachiger Literatur des 20. Jahrhunderts. Hg. von Manfred Brauneck unter Mitarbeit von Wolfgang Beck. Reinbek bei Hamburg ³1988. S. 486-487.

Mohr, Peter: Herta Müller: Barfüßiger Februar. In: NDH, 1/1988. S. 150f.

Hellriegel, Peter: Herta Müller. Barfüßiger Februar. In: tips, 1/1988.

Schmitt, Hans-Jürgen: [Herta Müller: „Barfüßiger Februar"]. Rundfunkmanuskript. HR 2: „Das Buch der Woche", 10. Januar 1988. 4 Seiten.

Saladin, Gregor: Angekommen wie nicht da. Herta Müller und die neuere rumäniendeutsche Literatur. In: TA, 19. Januar 1988.

Löffler, Sigrid: [Herta Müller: „Barfüßiger Februar"]. Rundfunkmanuskript. ORF 1: „Ex Libris", 24. Januar 1988. 3 Seiten.

Moor, Piet de: [Herta Müller: „Niederungen", „Barfüßiger Februar", „Der Mensch ist ein großer Fasan auf der Welt"]. Rundfunkmanuskript. BRT Radio 3: „Magazine 3", 24. Januar 1988.

Schwartz, Leonore: Zwischen Bleiben und Gehen. Prosalegenden von Herta Müller. Herta Müller: Barfüßiger Februar. In: Tsp, 31. Januar 1988. S. 13.

Bossinade, Johanna: Herta Müller: Barfüßiger Februar. In: Deutsche Bücher, 2/1988.

Weinzierl, Ulrich: Schwarze Achse im Innern der Erde. Herta Müllers Prosaband „Barfüßiger Februar". In: FAZ, 6. Februar 1988.

Huther, Christian: Was ist das für ein Land? Herta Müllers Prosaband „Barfüßiger Februar". In: Main-Echo, 13. Februar 1988.

Langer, Jochen: [Herta Müller: "Barfüßiger Februar"]. Rundfunkmanuskript. DLF: „Der Büchermarkt. Aus dem literarischen Leben", 1. März 1988. 5 Seiten.

Etten, Manfred: Seltsames Exil im Land der Muttersprache. Zu dem Prosaband „Barfüßiger Februar" und seiner außergewöhnlichen Autorin Herta Müller. In: AllZ, 2. März 1988.

Lundstedt, Göran: Glömd av världen. In: Sydsvenska Dagbladet, 5. März 1988.

Pott, Wilhelm Heinrich: [Herta Müller: „Barfüßiger Februar"]. Rundfunkmanuskript. NDR: „Literatur Um Acht", 8. März 1988.

Münkler, Marianne: Utopie vom Tod. Herta Müllers eindringlicher Prosaband „Barfüßiger Februar". In: Die Zeit, 11. März 1988. S. 79.

Dobrick, Barbara: [Herta Müller: „Barfüßiger Februar"]. Rundfunkmanuskript. NDR 3: „Studio 3", 14. März 1988. 1 Seite.

Etten, Manfred: Seltsames Exil im Land der Muttersprache. Zu dem Prosaband „Barfüßiger Februar" und seiner außergewöhnlichen Autorin Herta Müller. In: WoZ, 25. März 1988.

VB: Vom Magnet des Todes. Herta Müller. „Barfüßiger Februar". In: WiesK, 26. März 1988.

Anonym: [Herta Müller: „Barfüßiger Februar"]. Rundfunkmanuskript. DRS 2: „Reflexe – das Radiokulturjournal", 30. März 1988.

Michalowski, Udo: Viele Räume sind unter der Haut. Bilder aus dem Banat: Herta Müllers Erzählungen. Herta Müller. „Barfüßiger Februar". In: RM, 22. April 1988. S. 20.

Anonym: [Herta Müller: „Barfüßiger Februar", „Der Mensch ist ein großer Fasan auf der Welt", „Niederungen"]. Rundfunkmanuskript. SFB 3: „Berliner Salon – Literatur live", 3. Mai 1988. 1 Seite.

Ullrich, Gisela: Mutter bringt die Abende ins Bett. „Barfüßiger September" <!>: Prosastücke der rumäniendeutschen Autorin Herta Müller. Herta Müller. „Barfüßiger Februar". In: StN, 4. Mai 1988.

Sütterlen, Sabine: „Angekommen wie nicht da". Herta Müller. „Barfüßiger Februar". In: GT, 10. Mai 1988.

Schafroth, Heinz F.: Angekommen wie nicht da. In: BaZ, 14. Mai 1988.

Dubois, Ursula: Herta Müller in Solothurn. In: BeZ, 14. Mai 1988.

Werner, Petra: Als wenn die Welt aus Wörtern wär'. Podiumsdiskussion bei der Bonner Buchwoche. Herta Müller und Lew Kopelew im Rheinischen Landesmuseum. In: GA, 14./15. Mai 1988. S. 14.

Heinz, Franz: Aus dem Banat noch nicht entlassen. Herta Müller. „Barfüßiger Februar". In: KK, 25. Mai 1988. S. 30.

Schulze, Karin: Über Herta Müller. In: Spuren in Kunst und Gesellschaft, 25/1988. S. 48-49.

Tomerius, Lorenz: Reiselektüre. Herta Müller: „Der Mensch ist ein großer Fasan auf der Welt". In: Industriemagazin, August 1988.

Gries, Benjamin: Dunkles Raunen. Deutsche Prosa aus Rumänien. Herta Müller: „Barfüßiger Februar". In: MRZ, 3./4. September 1988.

cm: Die Tracht im Gehirn. Ricarda-Huch-Preisträgerin Herta Müller in Aachen. In: Klenkes, Oktober 1988.

Unseld, Siegfried: Welche Bücher lesen die Verleger? In: WamS, 2. Oktober 1988.

Kugel: Morddrohungen gegen Rumäniendeutsche. In West-Berlin lebende Schriftstellerinnen sollen politische Aktivitäten gegen Ceausescus Regime einstellen / Todesdrohungen kamen per Post / Vermutlicher Absender: Ceausescus Geheimdienst „Securitate". In: taz, 10. November 1988. S. 1.

Kyria, Pierre: La transeuropéenne du livre. L'homme est un grand faisan sur terre, Herta Müller. In : Magazine Littéraire, Dezember 1988. S. 69.

Meudal, Gérard: La Mercedes du meunier roumain. Un immigré en Allemagne revient au pays: le premier récit traduit d'Herta Müller, une Allemande de Roumanie, exilée à Berlin-Ouest. In: Liberation, 1. Dezember 1988. S. 3/4.

Pascaud, Fabienne: L'homme est un grand Faisan sur terre de Herta Müller. In: Télérama, 14. Dezember 1988.

Valentini, Ruth: Mon village à l'heure roumaine. Le paradoxe du faisan. L'étrange parcours de Herta Müller. In: Neuvel Observateur, 15. Dezember 1988. S. 3/4.

1989

Eke, Norbert [Otto]: Herta Müller. In: Harenbergs Lexikon der Weltliteratur. Autoren-Werke-Begriffe. Bd. 4. Dortmund 1989. S. 2060-2061.

Anonym: The Passport, by Herta Muller. In: The Guardian, 10. Januar 1989.

Watt, Juno: The Passport. Herta Miller. In: Other Paper, 13. Januar 1989.

Pryce-Jones. David: A Romanian miller's tale. The Passport. Herta Müller. In: The Independent, 28. Januar 1989.

Anonym: A long night in Romania. Extract. Herta Müller. In: The Weekend Guardian, 4.-5. Februar 1989. S. 10.

Hibbin, Nina: Romanian nightmare. The Passport. By Herta Miller. In: 7 Days Book review, 11. Februar 1989.

Rüger, Wolfgang: Die Sprache der Vögel ist nichts für die Sprechblasen. In: NP, 20. Februar 1989.

Lingnan, Frank: Rumänien. Herta Müller. „Barfüßiger Februar". In: Kölner Illustrierte, 28. Februar 1989.

coko: Herta Müller im Goethe-Institut. Erste Lesung nach einjähriger Pause. In: WP, 18 März 1989.

Orthmayr, Margret: Autorin zwischen zwei Fronten: Herta Müllers ‚Sprachkampf' mit Banatschwaben und Ceausescu. In: WR, 18 März 1989. S. 3/4.

Mohr, Peter: Tod und Unterdrückung. Bedrückende Prosa einer Deutsch-Rumänin. Herta Müller: Barfüssiger Februar. In: EZ, 1./2. April 1989.

Borum, Poul: Livet i øst-Europa. To bøger af tysk-rumansk ægtepar, der nu bor i Vest-Berlin. Herta Müller. "Barfüßiger Februar". In: Ekstre Bladet, 28. April 1989.

Sch., G.: Herta Müller. „Barfüßiger Februar". Eckertbote/Wien, Mai 1989.

Anonym: Reise ohne Ankunft. Herta Müller: „Reisende auf einem Bein". In: Unisono, 5/1989.

Schmierer, Joscha: Von der Sprachinsel in den breiten Strom. Zu Büchern von Herta Müller und Richard Wagner. In: Kommune, 5/1989. S. 1-2.

Anonym: Særpræget tysk stemme. Herta Müller. "Barfüßiger Februar". In: Middelfort Venstreblad, 5. Mai 1989.

Henneberg, Jens: De sære invandrere. Herta Müller. „Barfüßiger Februar". In: Aalborg Stiftside, 13. Mai 1989.

Bukdahl, Lars: Svævende prosa. Herta Müller. "Barfüßiger Februar". In: Kristeligt Dagblad, 24. Mai 1989.

Lundbo Levy, Jette: Som billeder fra en ond drøm. Herta Müller. „Barfüßiger Februar". In: Information, 6. Juni 1989.

js: Rumänin liest aus ihrem Leben. Autorenlesung mit Herta Müller in der Stadtbibliothek. In: SchwB, 7. Juni 1989.

Heinichen, Helga: Sätze jagen sich selbst in die Flucht. Autorenlesung Herta Müller: „Reisende auf einem Bein". Ein starker Eindruck. In: SWP, 7. Juni 1989.

Kemna, Sibylle: Leidvolle Erinnerungen. Herta Müller schreibt gegen totalitäre Regierungen. In: BadZ, 7. Juni 1989.

Barfoed, Niels: Ofelia i Rumænien. Herta Müller. "Barfüßiger Februar". In: Politiken, 12. Juni 1989.

Hultberg, Helge: Nomadeliv. Herta Müller. "Barfüßiger Februar". In: Weekendavisen/Berlingske Aften, 30. Juni 1989.

Anonym: Herta Müller. „Reisende auf einem Bein". In: Dietrichs Literaturbörse, 7/1989.

Schirrmacher, Frank: In einem anderen Land. Eine Erzählung der Rumäniendeutschen Herta Müller als Vorabdruck in der FAZ. „Reisende auf einem Bein". In: FAZ, 23. August 1989. S. 23.

Cramer, Sibylle: [Herta Müller: "Reisende auf einem Bein"]. Rundfunkmanuskript. SFB 3: „Buchzeit", 22. September 1989. 6 Seiten.

Auffermann, Verena: Rauhe Romanzen. Herta Müllers neue Umsiedler-Erzählung „Reisende auf einem Bein". In: NN, 4. Oktober 1989.

Rüb, Matthias: Lust, Last, Leiden. Die Belletristik in diesem Herbst. Herta Müller. „Reisende auf einem Bein". In: FAZ, 5. Oktober 1989.

Krauss, Hannes: [Herta Müller: "Reisende auf einem Bein"]. Rundfunkmanuskript. NDR 3: „Kulturelles Wort, 9. Oktober 1989. 6 Seiten.

Rüb, Matthias: Das fremde Heimatland. Herta Müller. „Reisende auf einem Bein". In: FAZ, 10. Oktober 1989. S. 15.

Tschapke, Reinhard: Auf einem Bein. Herta Müller. „Reisende auf einem Bein". In: W, 10. Oktober 1989. S. 6.

Führer, Ruth: In der Fremde. Herta Müllers Erzählung. Herta Müller. „Reisende auf einem Bein". In: FR, 10. Oktober 1989. S. 8.

Auffermann, Verena: Gefahr, ins Leere zu stürzen. Westdeutschland, gesehen mit den Umsiedleraugen Herta Müllers. Herta Müller. „Reisende auf einem Bein". In: SZ, 10. Oktober 1989. S. 5.

Cramer, Sibylle: Auf den Flügeln des Gefühls westwärts. Herta Müller. „Reisende auf einem Bein". In: Tsp, 11. Oktober 1989.

Huther, Christian: Kalt klirrende Sätze. Herta Müllers Erzählung „Reisende auf einem Bein". In: GA, 11. Oktober 1989. S. 2.

Sütterlin, Sabine: In der U-Bahn, im Supermarkt brechen unversehens die Ränder des Realen ein. Herta Müllers «Reisende auf einem Bein»: Fremdheit im «anderen Land». Fremdheit auch hier. In: WW, 12. Oktober 1989. S. 97.

Krauss, Hannes: Nur im Ausland. „Reisende auf einem Bein", von Herta Müller. In: DVZ, 13. Oktober 1989.

Huther, Christian: In einem Land ohne Grund. Herta Müller erzählt. „Reisende auf einem Bein". In: OT, 21. Oktober 1989.

Laudenbach, Peter: Jeder für jeden ein Passant. Herta Müller. „Reisende auf einem Bein". In: taz, 24. Oktober 1989. S. 12.

Anonym: Reisende auf einem Bein. Herta Müller. In: Grüne Illustrierte Niedersachsen, 11/1989.

Laudenbach, Peter: Jeder für jeden ein Passant. Die neue Erzählung von Herta Müller. „Reisende auf einem Bein". In: Der Unker, November 1989.

Becker, Barbara von: [Herta Müller: „Reisende auf einem Bein"]. Rundfunkmanuskript. RB 2: „Journal am Morgen – Aus Kultur und Gesellschaft", vom 6. November 1989. 3 Seiten.

Franzen, Günter: Test the west. Herta Müllers Prosa „Reisende auf einem Bein". In: Die Zeit, 10. November 1989. S. 5.

Anonym: Marieluise-Fleißer-Preis. Preisträger 1989 ist Herta Müller. In: DK, 15. November 1989.

Auffermann, Verena: Dreißig Jahre unter „vier Augen" gelebt. Herta Müllers westdeutsche Beobachtungen. Herta Müllers „Reisende auf einem Bein". In: SaZ, 15. November 1989. S. 23.

Anonym: Verwandt in der verdichteten Sprache. Marieluise-Fleißer-Literaturperis wird in Ingolstadt an Herta Müller verliehen. In: MbZ, 16. November 1989.

Kämpf, Silvia: Reisende auf einem Bein. Marieluise-Fleißer-Preisträgerin Herta Müller las aus ihrem Buch. In: AZ (München), 21. November 1989.

Kunz, Gunhild: [Herta Müller: „Niederungen"]. Rundfunkmanuskript. WDR 1: „Alte und neue Heimat. Lesen und sich erinnern. Gunhild Kunz stellt Bücher über die alte Heimat vor", 22. November 1989. 1 Seite.

Rauch, Katja: Balanceakt im neuen Land. Herta Müller. „Reisende auf einem Bein". In: NZZ, 23. November 1989. S. 51.

Heumann, Josef: Die Trauer der Fasane. Herta Müller empfing Fleißer-Preis. In: AA, 24. November 1989. S. 22.

Pennemann, Elmar: Sprachkraft und poetische Qualität. Deutschrumänische Schriftstellerin Herta Müller erhielt Marieluise-Fleißer-Preis. In: DK, 24. November 1989.

Becker, Barbara von: Brüchig, ungesichert, ungreifbar. Leben in einem anderen Land: Herta Müllers Erzählung „Reisende auf einem Bein". In: BaZ, 24. November 1989.

Moser Gerhard: [Herta Müllers „Reisende auf einem Bein"]. Rundfunkmanuskript. ORF 1: „Literaturmagazin", 27. November 1989.

Schmitt, Hans-Jürgen: [Herta Müllers „Reisende auf einem Bein"]. Rundfunkmanuskript. WDR 3: „Meinungen über Bücher", 30. November 1989. 5 Seiten.

dpa: Herta Müller. Gastdozentin in Paderborn. In: FAZ, 1. Dezember 1989. S. 33.

Vukan, Edith: [Herta Müllers „Reisende auf einem Bein"]. Rundfunkmanuskript. ORF: „Leuchtschrift – Literatur von Radio Wien", 2. Dezember 1989. 1 Seite.

Jansen, Hans: In einem andern Land. Buch der Woche. Herta Müller: „Reisende auf einem Bein". In: WAZ, 2. Dezember 1989.

dpa: Herta Müller jetzt Dozentin in Paderborn. In: WR, 5. Dezember 1989.

[Stien]ecke, [Manfred]: Autorin Herta Müller: «Reisende auf einem Bein». Siebenteilige Lesereihe. In: WVB, 5. Dezember 1989.

Steinecke, Manfred: «Reisende auf einem Bein» – Gastdozentin Herta Müller. Die rumäniendeutsche Autorin an der Uni Paderborn – keine Kontakte zur Heimat. In: WVB, 7. Dezember 1989.

Anonym: Preis für Herta Müller. In: BK, 9. Dezember 1989. S. 15.

Preissendörfer, Bruno: [Herta Müllers „Reisende auf einem Bein"]. Rundfunkmanuskript. Radio 100 (Berlin): „Zitty-Radiomagazin", 9. Dezember 1989. 2 Seiten.

Huther, Christian: Die Gefahr, ins Leere zu stürzen. Herta Müllers Erzählung „Reisende auf einem Bein" im Rotbuch Verlag. In: MM, 9./10. Dezember 1989.

Schaber, Susanne: Mit einem Fuß im Osten, dem anderen im Westen. „Reisende auf einem Bein", eine Erzählung der Rumäniendeutschen Herta Müller. In: LNN, 29. Dezember 1989.

Anonym: Prisen for at myrde. Herta Müller. "Barfüßiger Februar". In: Politiken, 31. Dezember 1989.

1990

Spietschka, Ruth: Herta Müller. In: Neues Handbuch der deutschen Gegenwartsliteratur seit 1945. München 1990. S. 469-470.

Wittstock, Uwe: Herta Müller. In: Literatur Lexikon. Autoren und Werke deutscher Sprache. Hg. von Walther Killy. Bd. 8. Gütersloh – München 1990. S. 272.

Vogt, Guntram: „Ausreise". In: Nachruf auf die rumäniendeutsche Literatur. Hg. von Wilhelm Solms. Marburg 1990. S. 205-233.

Solms, Wilhelm: „Ankunft". In: Nachruf auf die rumäniendeutsche Literatur. Hg. von Wilhelm Solms. Marburg 1990. S. 234-262.

Perthold, Sabine: Die Gefahr ins Leere zu stürzen. Herta Müller: „Reisende auf einem Bein". In: Anschläge, 1/90. S. 18-20.

Anonym: Herta Müllers „Reisende auf einem Bein". In: Neue Bibliotheks-Bücher, 1/1990. S. 9.

R. B.: Herta Müllers „Reisende auf einem Bein". In: Treffpunkt Bibliothek, 1/1990.

Kegelmann, René: Im anderen Land. Herta Müller: „Reisende auf einem Bein". In: Auftritt, 1/90.

Achermann, Erika: „Was die Menschen so kaputtmacht". Die deutschrumänische Autorin Herta Müller und ihr neues Buch „Reisende auf einem Bein". In: TA, 10. Januar 1990.

Krall, Günter: Zwischen zwei Welten. Herta Müllers „Reisende auf einem Bein". In: Rh, 16. Januar 1990.

Theurer, Claudia: Elend in den Falten der Verzweiflung. „Reisende auf einem Bein": neuer Roman der Rumäniendeutschen Herta Müller. In: AZ (München), 23. Januar 1990.

Ott, Paul: Der schwierige Weg nach Westen. Herta Müller: „Reisende auf einem Bein". In: BeZ, 24. Januar 1990.

Götz, Thomas: Flüchtlings Sturz in die Kälte. Herta Müller. „Reisende auf einem Bein". In: KIZ, 26. Januar 1990.

Klenner, Ulrich: [Herta Müller: „Reisende auf einem Bein"]. Rundfunkmanuskript. ORF 1: „Ex Libris", 28. Januar 1990. 2 Seiten.

Hm.: Herta Müllers „Reisende auf einem Bein". In: Rubikon, 2/1990. S. 6.

Hulse, Michael: Letter from Germany. Herta Müller: "Reisende auf einem Bein". In: P N Review, 2/1990. S. 12f.

Schmitt, Hans-Jürgen: [Herta Müller: „Reisende auf einem Bein"]. Rundfunkmanuskript. SR: „Bücher-Lese", 4. Februar 1990. 5 Seiten.

Anonym: La „quinta letteratura tedesca". Dalla Romania una vove "che non esista più". In: Tessiner Kurier, 10. Februar 1990.

Giegerich, Susanne E.: „Reisende auf einem Bein". Lesung mit der Rumäniendeutschen Herta Müller in Aachen. In: AN, 12. Februar 1990.

kn: Sorge um Rumänien. Lesung Herta Müller in der Alten Feuerwache. In: KSA, 14. Februar 1990.

pet: Herta Müller über „Reisende" im Akademietheater. In: DP, 26. Februar 1990. S. 11.

Wa.: Herta Müllers „Reisende auf einem Bein". In: Evangelische Kommentare, 3/1990.

Anonym: Herta Müller „Reisende auf einem Bein". In: Neue Paradox, 3/1990.

Gabrisch, Anne: Kaltes Land und kalte Herzen. Alle Beziehungen sind unsicher: Herta Müllers Roman „Reisende auf einem Bein". In: StZ, 9. März 1990. S. 26.

Kunz, Gunhild: [Herta Müller. „Reisende auf einem Bein"]. Rundfunkmanuskript. WDR 1: „Alte und neue Heimat", 11. März 1990. 1 Seite.

Schaber, Susanne: Mit Handgepäck und zu dünnen Schuhen. Der lange Weg vom Banat nach Berlin. Herta Müllers „Reisende auf einem Bein". In: DP, 17./18. März 1990. S. 8.

Stöberer, Heinrich: Nicht mehr dort und noch nicht da. Herta Müller „Reisende auf einem Bein". In: KrZ, 28. März 1990.

Kern, K.: Taschenbuch-Tips. Herta Müller. „Barfüßiger Februar". In: KSA, 30. März 1990.

E. F.: Und die Bilder schwirren im Kopf. Lese-Matinee mit Herta Müller in der Fassbeiz. In: Schaffhauser Nachrichten, 10. April 1990.

Raeber, Gertrud: „Unüberhörbare Stimme aus dem „anderen Land". Herta Müllers Buch: „Reisende auf einem Bein". In: Zürichsee-Zeitung, 18. April 1990. S. 18.

Anonym: Herta Müller „Reisende auf einem Bein". In: FG, 5/1990.

Zettel, Heinz: Bannkraft des Wortes. Müller, Heidenreich und Rathenow lasen in Eichstätt. In: DK, 12./13. Mai 1990.

Perthold, Sabine: Bücher. Barfüssiger Februar. Herta Müller. In: Anschläge, Juni 1990.

Bary, Nicole: Grenze – Entgrenzung in Herta Müllers Prosaband: Der Mensch ist ein großer Fasan auf der Welt. In: Germanica. 7. 1990. S. 115-121.

Anonym: Herta Müller "Reisende auf einem Bein". In: Condor. Fliegende Blätter, 3. Quartal 1990.

Raeber, Gertrud: Die Wahrheit benennen und bekennen. Herta Müller – eine rumäniendeutsche Autorin aus dem Banat. In: DL, 7. Juli 1990. S. 1-2.

Raeber, Gertrud: Ich kenne nur wahrlich falsche Lebensläufe. In: Aargauer Tagblatt, 7. Juli 1990.

Raeber, Gertrud: Das Gefühl des Nirgendwo-Dazugehörens. Verdichtete Vergangenheit: Herta Müllers neuer Roman „Reisende auf einem Bein". In: DL, 7. Juli 1990.

Homann, Ursula: Herta Müller. „Reisende auf einem Bein". In: Deutsche Bücher, 7/1990. S. 109f.

Dietschreit, Frank: Geld und goldene Worte. Trostpflaster. In: Prinz. Berliner Stadtillustrierte, August 1990.

Herrenberg: Herta Müller liest. „Reisende auf einem Bein". In: BB, 15. August 1990.

Baringhorst, Ulrich: [Herta Müller: "Reisende auf einem Bein"]. Rundfunkmanuskript. WDR: „Schönen Sonntag", 16. September 1990. 4 Seiten.

M. H.: Herta Müller: „Reisende auf einem Bein". Die Einsamkeit im „goldenen Westen". In: Vorweihnachtlicher Ratgeber der Apocalypso, 1990. S. 19.

Zu den Autoren

Apel, Friedmar, geb. 1948 in Osterode; 1977 Dr. phil, 1981 Dr. habil; Professor für Vergleichende Literaturwissenschaft an der Universität Bielefeld. Zahlreiche Veröffentlichungen zur europäischen Literatur- und Kulturgeschichte.

Becker, Claudia, geb. 1954 in Lüdenscheid; 1987 Dr. phil.; wissenschaftliche Angestellte an der Universität Paderborn. Veröffentlichungen: Zimmer – Kopf – Welten. Zur Motivgeschichte des Intérieurs. München 1989. Julien Offray de la Mettrie: L'homme machine/Die Maschine Mensch (Hg. und Übersetzung). Hamburg 1990. Aufsätze zur Poetik und Ästhetik des 19. und 20. Jahrhunderts.

Doppler, Bernhard, geb. 1950 in Graz; 1978 Dr. Phil; Dozent an der Universität Paderborn. Veröffentlichungen: Katholische Literatur und Literaturpolitik. Frankfurt/Main 1980; Kindheit – Kinderlektüre. Wien 1984 (Hg.); Erotische Literatur 1787-1958. Berlin, Wien 1990 (Hg.); Aufsätze u. a. zur Fachdidaktik, zur regionalen und konfessionellen Literaturpolitik und zur Gegenwartsliteratur.

Eke, Dagmar, geb. 1957 in Detmold; Studium der Germanistik und Medienwissenschaft in Paderborn.

Eke, Norbert, geb. 1958 in Nördlingen; 1988 Dr. phil; Professor für Literaturwissenschaft an der Universität Paderborn. Veröffentlichungen: Heiner Müller. Apokalypse und Utopie. Paderborn u. a. 1989; Aufsätze zur deutschen Literatur des 19. und 20. Jahrhunderts, zur Literaturgeschichte und zur deutschsprachigen Literatur des Auslands; Mitherausgeber der historisch-kritischen Ausgabe der Briefe und vermischten Schriften Nikolaus Lenaus.

Gross, Stefan, geb. 1954 in Aachen; 1984 Dr. phil.; wissenschaftlicher Mitarbeiter an der Universität Paderborn. Veröffentlichungen: Ernst Robert Curtius und die deutsche Romanistik der zwanziger Jahre. Bonn 1980; Maurice Maeterlinck und der symbolische Sadismus des Humors. Frankfurt/Main, Bern 1985; Maurice Maeterlinck und die deutschsprachige Literatur. Eine Dokumentation. Mindelheim 1985; Belgien. Literatur und Politik. Eine Bibliographie". Aachen 1987 (zusammen mit J. Thomas); Les Concepts nationaux de la littérature. Aachen 1989 (Hg. zusammen mit J.

Thomas). Übersetzung und Herausgabe belgischer Autoren, vor allem Maeterlinck.

Günther, Michael, geb. 1960 in Dortmund; Promotion mit einer Arbeit über das erzählerische und essayistische Werk Adolf Muschgs.

Herta Müller im Igel Verlag

Roxane Compagne: *„Fleischfressendes Leben" - Von Fremdheit und Aussichtslosigkeit in Herta Müllers "Barfüßiger Februar".*
Igel Verlag 2010. Br. 100 S., 24,90 €, ISBN 978-3-89621-229-0

Olivia Spiridon: *Untersuchungen zur rumäniendeutschen Erzählliteraur der Nachkriegszeit.*
Igel Verlag, 2. Auflage 2010. Br. 340 S., 44,- €, ISBN 978-3-89621-150-7

Carmen Wagner: *Sprache und Identität. Literaturwissenschaftliche und fachdidaktische Aspekte zum Werk Herta Müllers.*
Igel Verlag 2002, Br. 305 S., 49,- €, ISBN 978-3-89621-156-9

Herta Haupt-Cucuiu: *Eine Poesie der Sinne. Herta Müllers „Diskurs des Alleinseins" und seine Wurzeln.*
Igel Verlag 1996, Br. 189 S., 44,- €, ISBN 978-3-89621-031-9